世界でいちばんすてきな"魔法"を、世界でいちばんすてきなあなたに♡

人生なんて辛くて苦しくて大変なことばかり……悲しみですり切れていたわたしの心にばら色の魔法をかけ、最大の奇跡を贈ってくれてありがとう！感謝を込めてお便りします。

この本に出逢うまで、わたしは男顔負けなキャリアウーマン。可愛さよりもカッコよさに、優しさよりも厳しさに、やわらかさよりも意志を貫くことに誇りを感じてきました。こんなご時世だし、信じられるのは自分しかいないもの！しっかりしなくちゃって、肩ひじ張ってバリバリ働き、目に見える確かな実績で身の回りを固め、なんとか不安を振り払おうと躍起になっていたのです。だけどなかなか報われず……結果を出したい一心で、この〝魔法〟を試してみることに。すると、**それから3か月の間に信じられないほどの幸運が訪れました！**コンペで勝ちぬき表彰されたり、チームリーダーに昇格したり、雑誌から取材をうけたり…。すごい効果に驚いたけれど、どんなに周りから拍手を送られても、心のどこかがどうしても満たされず、虚しさや憂鬱さが姿を消す日はありません。すべては順調なのに、どうして？どんなに考えてもわからなかったけど、本に載っていた読者の方のエピソードを何度も読み返し、わたしも必ず幸せになれる！と信じ続けて、4か月が経ったある日のこと。会社に急な来客がありました。普段は受付の方が応対するのですが、その日はたまたま体調不良で欠席していたので代わりに出ていって話を聞くと、どうやら行き先を間違えてしまったみたいで……地図で詳しい場所を教えると、「今度お礼をさせてください！」と。これがわたしと彼との出逢いでした。この本を鞄の中にこっそり入れて食事に行ったとき、彼はわたしに一目惚れしたと打ち明けてくれました。27年間、誰ともお付き合いしたことがなかったわたしにとって、これは奇跡のような出来事‼ びっくりしましたが、彼の「何年でも待ちます！」の言葉に、その気持ちに応えることに決めました。お互い仕事が忙しく、ゆっくり会う時間がとれることはあまりないのですが、頻繁に電話をくれ、会える日には必ず何かプレゼントを用意してくれ、休みがとれれば旅行に連れて行ってくれる……いつの間にか、わたしの心は彼の愛につつみこまれていました。すると、何気ない日々の中にきらきらと輝くちいさな幸せの瞬間を愛しく感じられるようになったのです。今まで気にもとめなかった景色が鮮明な感動を伴って映しだされ、そうか、毎日はありがとうでいっぱいだったんだと思ったら、心の中がぐんぐん満たされ、どうしようもなかった虚しさが跡形もなく消えてしまいました。

今、改めてふり返ってみると、**この〝魔法〟をつかいはじめてから、わたしが幸せになるために必要なものがひとつひとつ『プレゼントされた』**ように感じます。探そうとか、手に入れようとか、自ら必死になることなく！こんなふうにして心はパーフェクトに満たされてしまうのですね。予想もしないところから幸運はやって来るんですね！ねえ、すごい〝魔法〟があるんだよ！世界中の女の子たちにそう伝えたい気分です。だって、そのおかげでわたしは今、寝ても覚めても「あ～幸せ♡」そんな感じになってしまったのだから。（27歳・営業）

乙女の魔法のはじまりに。

一般的に、夢を叶えるためには運動靴にはきかえて、なりふり構わず猛ダッシュ！これが「鉄則」みたいに言われているけれど、実はこれ、オトコ用の方法。それをそのまま乙女に適応するということは、まるで床屋さんに髪を切りに行くようなもの。希望通り短くなりはしたって、それが100％満足いく仕上がりになることは、まず、ない。同じようにオトコ用の方法で乙女が夢を叶えようとしたら、たとえ叶ったとしても、その結果にわたしたちの心が100％満足することは、まず、ない。たとえば仕事は順調だけど恋はうまくいかなかったり、心や体の一部に不調をきたしてしまったり、どこか偏った幸せしか手に入らず、ああ、なぜ満ち足りないの？って疑問を抱えながら、だけどその解決策がわからず悶々と暮らしつづける…

そんなのはゴメンです！だってわたしたちが手に入れたいのは100％のカンペキな幸せだもの♥

それなら、さあ、今すぐ好みじゃない運動靴なんて脱いじゃって。だってオトコ用の方法にしがみついているうちは、乙女の100％の幸せが叶うことはないのだから。なぜならオトコとオンナの構造は、砂糖と塩ほども違うから。髪の長さ、胃袋の大きさ、服のサイズだけじゃなく、何に幸せを感じ、何に喜びを見出し、何を生きる糧とするのかだって……そう、至る所で大胆に、そして繊細に、オトコとオンナは違うのだ。それなら夢を叶える方法だって、同じでいいわけがないのである。なのにオトコ用の方法があたかも万人に共通のセオリーであるかのような顔して罷《まか》り通っているから、乙女は苦痛でたまらない!!それなら乙女たちよ、今こそ、お気に入りのピンヒールにはきかえて。素敵なドレスで優雅に飛行機に乗りこみ、憧れの場所まで一直線！こんなふうに、乙女用の夢を叶える方法があるのです。それは乙女の本能に基づいたものだから、1の努力で100の結果が出せるもの。その証拠に、「叶った♥」の声が全国の乙女たちから山のように寄せられて、人はこれを"乙女の魔法"と呼ぶのです！

ありとあらゆる乙女の夢は、"魔法のチャンス"とペアで生まれる！

あれも欲しい♥これも欲しい♥欲しい欲しい欲しい♥…なんてとどまることを知らない、可愛らしく、ロマンチックで、たまに突拍子もない乙女の夢は、「さくらんぼ」のような形をしてわたしたちの心の中に生まれるもの。一方には乙女の夢そのものを、もう一方には、"魔法のチャンス"を携《たずさ》えて。"魔法のチャンス"とは、**それをつかみさえすれば、100%の確率で、それとペアを組む「乙女の夢」が叶ってしまう甘くて美味しいチャンスのこと！**つまり、"魔法のチャンス"さえつかむことができれば叶わない夢（恋も含む♥）はないのだ!!

誰でもチャンスに遭わないものはいない。ただ捕えられないだけである。　カーネギーだから、ふと心の中に生まれた夢が「さすがに自分には無理だよなあ……」なんて思ってしまうような素敵すぎるものだって、ちっとも怯《ひる》むことはない。**なぜなら魔法のチャンスは乙女が暮らす日々の中に、ひょっこり顔をだすものだから！**そう、「乙女の夢」がここからどんなに遠く離れた場所にあったって、〝魔法のチャンス〟はわたしたちが今いるこの場所にわざわざやって来てくれるもの。だからそのときを見計らって〝魔法のチャンス〟をつかみさえすれば、まるでリモコンでTVの電源をつけるかのように、遠く離れた「乙女の夢」を、ここにいながらにして叶えられてしまうのだ。つまり、どんな「乙女の夢」だって〝魔法のチャンス〟というリモコンをつかえば、遠隔操作でたちまち叶えることができるのだってこと！

チャンスはどこにでもある。釣り糸を垂れて常に用意せよ。こんなところでは釣れないだろうと思うところにこそ、魚はいる。
オヴィディウス

それならわたしたちが知るべきは、どうしたら遥か遠くの夢にまで辿りつけるかではなく、どうしたら〝魔法のチャンス〟をつかめるか。すなわち、「魔法のチャンスのつかみかた」なのだ。だってそれを知りさえすれば、**ここにいながらにして**——平凡な日々の中で、自分には不釣り合いだと思うような夢を楽々と叶えられてしまうのだから！笑顔の練習をすることも、過酷なダイエットにヒーヒー言うこともなく、**そのままの自分で**——今ここにいる

ちっぽけな自分のままで、背丈の何十倍もあるような夢を悠々と叶えられてしまうのだから‼

つまり「ここにいながら」「そのままの自分」で、のんびりミルクティーでも飲みながら、居間のソファの上でまったりしながら、ゆったりお風呂に浸かりながら、ちょっと無理目のお高い憧れを、妄想シロップ漬けの甘い恋を、夜空に輝く星のようにロマンチックな願いを次々と叶えられてしまうのだから！それなら「魔法のチャンスのつかみかた」、知りたいわ♡

というところでここからお話するのは、「魔法のチャンスのつかみかた」。たとえるなら魔法のチャンスとは、飛行機の搭乗チケットのようなもの。それを手に、飛行機に乗りこむことさえできれば、いつだって、どこからだって、望む場所へと一直線！徒歩では登りきれない険しい山を越えた先、車では辿りつけない海の向こう、新幹線の通っていない南の島の楽園にだって、余裕シャクシャクで、あっという間に到着できちゃうのである。そう、わたしたちが今まで「自分には無理だから」って勝手に決めつけて、去勢してきた夢や憧れの数々は、”魔法のチャンス“という搭乗チケットを手に入れさえすれば、100％叶えられるものなのだ。

おそらく、”魔法のチャンス“をつかんで飛行機に乗りこんだ未来の自分はセレブな街にどーんと一戸建てを購入し、顔馴染みの3つ星レストランで友だちとランチを楽しみ、週末はワインレッドのジャガーを走らせ高級ホテルのスウィートへ、毎晩の日課はお風呂上がりにシャンパンを飲むこと……はぁ、優雅♡になっているはず。もちろん運命の出逢いだってちゃんと果たし、隣には世界でいちばん素敵な旦那様がやさしくよりそい、結婚してからはますます一途に愛されて、靴や洋服や鞄やらのプレゼント攻めにあう！ことでしょう。え？そんなのわたしには無理って⁉いいや、そんなことはない。**だって乙女の夢は、さくらんぼ！**現実とはかけ離れた夢だって〝魔法のチャンス〟をつかみさえすればたちまち実現しちゃうのだ！それに飛行機というものは予《あらかじ》め、海越え山越え、遠い距離を移動する必要があるときのためにできているもの。つまり短距離より長距離のほうが、小さな夢より大きな夢のほうが、遠慮がちな夢よりも「ひょえ〜‼」って足がすくんでしまうくらい大胆な夢を叶えるほうが、お得意なのだ！だから臆することはない。魔法のチャンスをつかんで飛行機に乗りこみさえすれば、今まで渡れなかった海を軽々と渡り、越えられなかった山を楽々と越え、気づけばフライトは終了し、あら、100％満たされてた♡なんてことになるのだから。さらに、魔法のチャンスをつかんで飛行機に乗りこめば、普通に行くとゴチンゴチンぶつかる障害物を自然と避けて通ることができるのもイイトコロ。だって飛行機は、そのはるか上を飛んでいくのだから！ほら、地上っていろんなものが落ちてたり、転がってたり、立ちはだかっていたりするけれど、空の上には行く手を遮《さえぎ》るものが何もないでしょ？つまり飛行機に乗ってしまえば、普通に考えれば起こるような問題に煩《わずら》わされることが少なくなるのだ。心を苦しませたり、悲しませるものがぐんと減り、いつも快適！　視界は常に晴れ渡り、絶妙な偶然が次々重なりあって道がひらけていくものだから、守られているなあ、ありがたいなあって穏やかなきもちがつづき、幸福な日々が手に入る。**つまり、抜群の安定感の中で暮らしていけるのだ！**　そう、魔法のチャンスは特別な夢を叶えるための手段のみにあらず！　すべての乙女が直面している悲しみや苦しみで雁字搦《がんじがら》めの現実、雨が降ったりやんだり落ち着かない憂鬱な日々からわたしたちを救いだす突破口にこそなるものなのだ。だからもしも問題を抱え、常に不安に苛《さいな》まれ、心配は膨れ上がる一方で、自分の力に限界を感じ、だけどこんなんじゃあイヤだと心の奥が叫びつづけているのなら、少しでも何かマシになってくれと祈りつづけているのなら、今こそ、魔法のチャンスをつかんで飛行機に飛び乗って！　一気に分厚い雲を突き抜けるとき‼

アテンションプリーズ♥ようこそ、100％の幸せが叶う乙女エアラインへ！

なによりも先にしておかなくちゃならないのは、12の搭乗手続きを済ませておくこと。魔法のチャンスをつかんだ瞬間にパッと飛行機に乗りこみ、夢に向かっていけるようにネ！

1 すべての乙女は幸運の星のもとに生まれる。
――『乙女の魔法バイブル。』――

まず、ひとつめの手続きは、目的地を決めること。**それは、「ああしたい」「こうなりたい」って思うけど、ほんとにできるかわからない、そうなれるかはわからないっていうあやふやな夢を「〜する！」「〜になる！」と言いきって、それが100％叶うと決めつけてしまうこと。**

ほら、旅行代理店のカウンターで行先を問われたときに「いつかハワイに行けたらいいな♡」なんて言わないでしょ？「ハワイに行きます！」って躊躇《ためら》いなく、迷いなく、行けるものだと決めつけて言いきるから、その旅は実現するのだ。わたしたちの人生だって、これと同じ。どう考えてもその夢がホントに叶うだなんて思えなくたって、「そうなるのだ！」「こうなるのだ！」って勇気をだして決めつけなくちゃ、飛行機には乗りこめない。もし具体的になにが欲しいのか、なにをしたいのかわからないのなら、こんなのはどう？『100％幸せになる！』

そう、目的地は、100％の幸せ♥ここに決めると、わたしたちをその場所に連れて行くために必要なものが世界中から選りすぐられ、その選抜を勝ちぬいた〝いちばん素敵なもの〟が、恋、仕事、お金、結婚……適切な場所に補充されていく。そうしてパーフェクトに満たされ豊かに潤った、最高に幸せな状態がもたらされる……これぞ、乙女の夢の〝最高峰〟じゃない？

そう、こんなふうに目的地を決めたって、ちゃんと通るのだ。幸せへと向かうまっすぐなきもちを遠慮で濁さず、力強くそれを心に掲げれば。そう！わたしたちいつだって、もっともっと幸せになりたい!!恵まれた環境にあることを理解してはいたって、それではまだまだ満ち足りず、未来には今以上の幸せを願ってしまうもの。今以上の、これ以上の、想像以上の……そう、100％の幸せを。それならそれを堂々と心に掲げよう！だって、これは悪いことじゃない。なぜなら幸せは、笑顔の源だから。やさしさの源だから。あたたかさの源だから。心が幸せに満たされていたら、幸せが生みだすプラスがマイナスをパクパク食べてくれるから、外へと醜いものを氾濫させることなく…たとえば誰かに苛立たず、恨まず、憎まず、妬まず、羨まず、貶《けな》さず、粗探しをせず、自然と相手を認め、受けいれられるようになるのだから。だから幸せになりたいと願う自分のことを、贅沢だなんて言わないで。それはわたしたちがこの世界の中でよりよい生き物になっていくための挑戦なのだから。さあ！幸せを、夢を、願いを、憧れを、それを抱く自分のことを、豊かな肯定感でしっかり支えて。そこに、確かな価値を見出して。そして夢は叶うものだと、自分は幸せになれるのだと言い聞かせよう！

これは物事の本質を捻じ曲げ、都合よく、強引に解釈することではない。そうではなく、本来そうであるものを、そのまま素直に受け入れることなのだ。ほら、乙女の夢は、魔法のチャンスとペアを組む"さくらんぼ"だったでしょ？これが、「乙女の夢」の本来の姿。つまり、わたしたちの夢はいつだって叶うことを前提として、ここに生まれてくるのだ。世間に漂う絶望感がそれを覆い隠し、見え難くなってしまっているけれど。乙女の夢が辿ると約束されているのは「叶う」という正当な道筋であって、〝叶わない〟なんて歪んだ道ではないのだ！すべての乙女の命が辿るのは「幸せになる」という正当な道筋であって、〝幸せになれない〟なんて捻《ひね》くれた道ではないのだ‼それなのに一般的に、常識的にまたは大人的に、夢が叶うのはごく稀なことで、幸せをつかめるのは選ばれた人だけなんて聞かされてきたから、そう思いこんでしまっていることが多いけど。その思いこみがさくらんぼの一方の実、〝魔法のチャンス〟を殺《そ》いでいるのだということを忘れないで。叶えたい叶えたいって言いながら、叶う機会を奪っているのは、自分なのだ。だから、**わたしの夢は叶うもの、100％叶うもの！そして、わたしは幸せになれるんだ、100％なれるんだ‼最初からそうなっているのだって、それこそが真実なのだ**って言い聞かせて。だって乙女はみんな幸運の星の元に生まれついているもの！さあ、大人的から乙女的へと視点を移し、澄んだ少女のような瞳でこの命の本質を、この夢の本来の姿を見据えよう。それが100％そうなるものだということを受けいれよう！そうして心の中でその夢のぬくもりを、喜びを抱きしめて。それがまさに今、叶えられたかのように、胸をはって。そんな幸せな自分がまさに今、ここに誕生したかのようにほほえんで。

『わたしが夢みることは全部、叶う❤わたしは100％幸せになれる♪すべてはもう現実になった

んだ♪』くらいの無邪気な信頼感が、乙女と夢と幸せを本来の関係で結び直すのだから。

2 すべての乙女の命は、幸せの王道を歩む。
すべての乙女の夢は、実現の王道を歩む。
――『乙女の魔法バイブル。』――

わたしたちは大きくてきらきら眩しい夢を前にすると、「こんな自分」にはそれが叶えられるなんて思えない、だってモニョモニョモニョ……なんていう理由を持ちだして、逃げ腰になってしまうことがよくある。だってここにいるのは、至らぬところばかりの未熟な自分。ドレスも宝石も真っ赤なルージュも似合わない、「こんな自分」。だけど「こんな自分」は、夢を叶えられない真の原因ではない。ほら、思いだして。乙女の夢は、〝魔法のチャンス〟とふたつでひとつのさくらんぼ。どんな大きな夢だって、魔法のチャンスとがっちりペアを組んでいるのだ。**だから〝魔法のチャンス〟さえつかむことができれば、叶わない夢はない！** それなら「こんな自分」がどんなに酷《ひど》い自分であったとしても、それは夢が叶わない原因にはなり得ない。それなのに、何かを夢みてくじけるたびに「こんな自分」を持ちだしてきて責任を擦《なす》りつけ、ああ、こんな自分のせいで、こんな自分のせいで……ってあまりにも嘆くもんだから、いつしか『こんな自分』は分厚い殻のようになり、わたしたちの周りを覆い、次々とやって来る魔法のチャンスを撥《は》ね返し、夢の実現を妨げるようになってしまったのだ。

そう、「こんな自分」に勝手に原因をおしつけて、ちゃっかりそれを夢が叶わない原因に仕立てあげた犯人は、自分なのである。でも、あの日からずっと嘆き続けてる「こんな自分」って、一体全体どんな自分？人形のように大きな瞳もなければ、カモシカのように細い脚もない、白鳥のような気品だってなければ、大木のような自信もない……ナイモノだらけの惨めな「こんな自分」がほんとうの自分だという証は、どこにあるの？今まで辿ってきた道のりをふり返り、「こんな自分」のルーツを探れば、それはおそらく幼稚園の頃、近所のおばさんに言われた「可愛くない子ね！」が心に突き刺さって抜けないから。たぶん小学3年生の頃、真っ赤な水玉のスカートをはいて学校に行ったら友だちに笑われたことが、自信を粉々に打ち砕いたから。素敵なものは、あなたには似合わない！そうよ、身のほどをわきまえなさいって。よく考えれば、今、わたしたちが閉じ込められている殻は、誰かの一言、その行為……自分に向けられた否定的な感情の余韻が心の中に響き渡り、延々とこだまして、それが毎朝、顔を洗うたびに思い起こされ、できあがってしまったもの。「ほんとうに？」その真偽を問うことなんてなく。言われるがままに、為《な》されるがままに、与えられたものを真実として受けいれただけ。それなら今こそ、問うてみよう！いつか、誰かが自分にしたことの、言った言葉の根拠はどこにあるの？信じ続けてきたのに今さら申し訳ないけれど、そんなものはどこにもない。そう、わたしたちが絶対的な真実として、その上に自分を成り立たせてきた「こんな自分」という土台は、世界ウン億人のうちのたったひとりの心の中に、あの日あのとき、あの瞬間に、気まぐれに生まれた思いを粘土のようにひたすらこねあげ、作られたもの。その真偽をみんなに問い、その結果決まったものとは違うのだ。それは誰かがこの心に勝手に吐き捨てて立ち去ったガムみたいなもの！そんな程度のもの‼ああ、あの日の弱い自分が誰かの気分にしがみつき、しつこく付きまとってぐちゃぐちゃこねあげた「こんな自分」の土台の上に、わたしたちは一体いつまでこの人生を据え、フラフラ、グラグラ、揺らがされ続けるのだろう。あの日、あの時、あの瞬間の自分とは全然違う、立派に成長した自分がここにいるのに、窮屈な誰かの〝お下がり〟をいつまでほんとうの自分に着せ続けるのだろう？

3 何もない自分の中にこそ、信じ、祈り、夢みるすべてがある。
——『乙女の魔法バイブル。』——

そう、わたしたちが「こんな自分」と蔑《さげす》み、拒み、嫌悪感を抱いてしまう自分はほんとうの自分じゃない。それは誰かを納得させるための都合のいい自分。闘わずにやり過ごすための見せかけの自分。そっちのほうが安全だからって、あの日の怖がりなわたしは、そうあるべきだとおしつけられたものを、この心に纏《まと》わせてラクしたんです。そうしてたら、それがコチコチに固まって、身動きがとれなくなって、その下に捩《ねじ》こんだほんとうの自分が早く出してと泣きだして……いつまでも泣きやんでくれない。だからこの心に「憂鬱だ」「辛い」「苦しい」「やってられない」「死んじゃいたい」なんて否定的な感情が生まれてしまうのだ。「こんな自分」が窮屈でたまらないから、ああ、イヤになっちゃうと感じるのだ。自分なんてちっとも好きになれない、自分なんて逆立ちしたって愛せないと思うのだ。だって、本来の自分とは似ても似つかないキャラクターの着ぐるみを着せられているようなものなのだから。そう、自分が自分に対して抱いてしまう否定的な感情の大半は、生まれつきここにあった本来の姿が歪められた悲しみを親に持つ子どもたち。マイナスの感情を発することで、乙女の心は「こんな自分」が本来の自分ではないことを訴えているのだ。**だってわたしたちは生まれつき、自分自身に対して純粋な100%の愛情しか抱いていないもの！**そうして生まれてくるのに、もしも今、心の中に自分に対する嫌悪、不満、軽蔑、疑いという否定的な感情がグルグル渦巻いちゃっているのなら、それらはすべて後から紛れ込んできた不純物の仕業！そんなものたちを接着剤で張り合わせ、「こんな自分」をかくまう殻を作りあげ、その中に自分を閉じ込めたのがこの自分であるならば、そこから自分を助けだすことができるのも自分しかいないのだ。「こんな自分」を〝真〟として崇めれば殻は厚みを増し、〝偽〟として鼻息で吹き飛ばせばその殻は破られる。それはたった、1秒で！　そう、この1秒で、すべてはたちまち変わるのだ。そのチャンスが目の前にあるっていうのに、黙って見過ごすなんてありえない。それなら殻を破るのは、今！　さあ、どこのだれかも知らない他人が心の道端に落っことしたビスケットのような言葉を神棚の上に祭りあげ、自分のことを「こんな自分」と蔑《さげす》み、蹴飛ばし、嘲笑い、見くびりつづけるのは今日で終わりにしなくちゃ。だって「こんな自分」がこれまで踏み潰してきた〝魔法のチャンス〟を数え上げれば何十、何百、何千……数えきれぬほどなんだから！もちろん、それを悔やんだりなんてしない。その経験をトランポリンにして飛び上がり、失ってきたものの分、これから、うーんと幸せになってやればいい！　涙を流した分、たくさん夢を叶えていけばいい‼　そう、乙女は転んでもただでは起きぬもの。このどうしようもない現状は、自分の魂の中に秘められた屈強な精神を奮い立たせ、美しく生まれ変わるチャンスなのだと捉えてみせて。そうしてここからは生まれたとき以上に純粋な100％の愛にあふれた眼差しで自分を見つめ、「こんな自分」に新しい名前を贈って。そうして自分の本来の価値を認め、素晴らしい価値を受けいれて生きていくのだ！

まず、自分は夢を叶えるに相応しい存在であるということ。次に自分は幸せになるに相応しい存在であるということ。そして自分は愛され、大切にされ、喜びで満ちあふれた最高の

人生を歩むに相応しい存在であるということ！そう、ほんとうのわたしはうんと素晴らしいのだって。ほんとうのわたしは、とっても素敵なんだって。ほんとうのわたしに似合うのは、憧れのドレスなんだって♥そうよ、これから先も中学時代の体操服を着せられたまま、叶うものを叶わぬと、なれるものをなれぬと、届くものを届かぬと思いこまされ、「こんな自分」の殻の中でもがきながら、あらゆる不幸の原因を自分の肩に負わせて、この世界の美しさに抱きしめられることもできぬまま片づけられてく人生なんて、そんなのまっぴらゴメンだわ！

4
自分に対して肯定的な感情を奮い立たせれば、世界は自ずとばら色に生まれ変わる。
――『乙女の魔法バイブル。』――

わたしたちは、自分に授けられた本来の価値をちゃんと正しく評価する、その術を誰にも教わってこなかった。幼いころから常に誰かと比べられ、激しい競争にさらされて、他人との関係の中で自分の価値を見定められ、そうして先生から与えられる評価を3度のご飯にして、この心を育ててきてしまった。常に誰かの隣に自分を立たせ、誰かの背丈に及ばぬちいさな自分の靴の中に詰め物をして上底にしてまで追い越そうともがき、己の存在意義を成り立たせてきた。だけど「隣の花は赤く見える」と言うように、他人と自分を比べるときはいつだって、他人の中からはいいところに飾りをつけて引っぱりだし、自分の中からはイヤなところに泥を塗って引っぱりだし、両者を同じ机の上に並べて比べてしまうのが人の心というもので。

つまりこの心が他人と自分を比べて下す「評価」は決して公正なものではないのだ。それなのに、不公平な基準に公正規格のなんちゃらシールを平気な顔して貼りつけて、「自分はあの子に比べて○○が足りない！」「自分よりあの子は○○だ！」って自分のことを比較に基づく評価で切り刻んでいるから、他人と触れ合うたびに耐えきれないほどの痛みが生じ、心は傷つき擦り減って、自分が授かった本来の価値を〝正しく評価する〟チカラは奪われた。

その上、周りだって厳しい世間の物差しでわたしたちの価値を常に測り続けてくれるもの。あらゆる角度から市場価値を見定められ、高く売れる自分であれ、高く買われる自分であれと、この社会という巨大な市場に売り出されて、もう何年？　背中に貼りつけられた値札は株価のように激しく変動するのに、それに見合うよう、期待に沿えるよう、皆のお眼鏡に適うように踊り続けて疲れ果てて、息切れしちゃって苦しくて、自分の持って生まれた本来の価値を〝認める〟チカラなんて出てきやしない。だって外と内からハンバーガーのように比較のパンの間に挟まれて暮らしていれば仕方がないでしょ……なんて諦めないで。そんなパン、今すぐむしゃむしゃ食べちゃえばいい！　周りの「評価」、自分の「評価」…誰かとの比較の結果、自分に与えられる「評価」なんて信じるに値せず‼　そんなものにはもう振り回されないと決意して。誰かに認められようと擦《す》りよっていくのはもうやめて。だってここにあるのは、誰とも比べられない尊い価値。この心が授かったのは、かけがえのない唯一の価値！それなら自分に与えるべき正当な評価とは、誰が何と言っても『世界でいちばん♥』なのである。そこに焦点を当てることこそ、つまり、**誰とも比べられない、世界で一番価値のある場所に自分を置くことこそ、自分を正しく評価するということ、すなわち自分を認めるということ**なのだ。だから自分を正しく評価したとき、乙女の心は豊かな幸福感で満ちあふれていくもの。反対にこの心が落ち込んだり、傷ついたり、惨めな気持ちになるのなら、それは自分の本来の価値が、正しく評価されていない、または、正しく評価していないという証拠なのである！

5 かけがえのない乙女の価値は、その存在の中にこそ輝く。 ―『乙女の魔法バイブル。』―

なんだか辛くて痛くて苦しくて……生きづらい不安定なこの感情は、本来の自分の価値が誰かとの比較で測られるものではないということを教えてくれているのだ。そう、測定不能なほど、比べる対象を持たないほどズバ抜けて素晴らしいのが本来の乙女の価値。揺るぎない輝きを讃えた真の価値が、この心の中にいつの日もちゃんと存在するのだ！それは自分の自分に対する&周囲の自分に対する「評価」なんてものには一切影響されないところに!!そう、何物にも付け入れられず、何者も立ち入れぬところに、わたしたちのほんとうの価値はある。心の奥を通り越した、もっと深く尊い場所に。それなら自分だけは、そのことを認めてあげなくては。誰かと自分を比べて自分を下に見たりせず、誰かの上に自分をかかげることもせず。周囲が比較の中にわたしたちを陥れ、その価値についてとやかく言おうとも、気にはせず。自分のことを悪く言うもの、否定するもの、傷つけるもの、怒らせるもの、苦しめるもの、悲しませるもの……そういうものの心への立ち入りを禁じて。確かにそれは、誰かひとりの意見かもしれないけれど、それに頷くか頷かないかは、それを受けいれるか、受けいれないかはいつだって自分が決めていい。他人の声が自分にとっての真実となるのは、いつだってわたしたちが、その承諾書に拇印《ぼいん》をついたときなのだということを忘れないで。

6 自分を傷つけるものの心への立ち入りを禁じよ。 —『乙女の魔法バイブル。』—

それに！自分の価値測定用の定規なんかをバッグの中に入れていたらピーと荷物検査に引っかかり、飛行機に乗りこめなくなってしまうのです。だからわたしたちは今すぐに、自分からも他人からも「評価」される対象になるのをやめなくては。自分に与えられた本来の価値を認め、この胸に凛と輝かせなくては。たとえば、"乙女は1輪の花である"ということを思いだすことで。ほら、**『わたしたちの生は大地の一部であって、動植物と同じように、そこから栄養を引き出している。大地の生のリズムはゆったりとしている』**ってラッセルも言っているじゃない！そう、人はすべての動植物と同じく、自然に生かされる存在なのだ。ことに乙女は、その中でもお花のように食べちゃいたいほど可愛らしい存在なのである。

そう、乙女とは、ただここにいるだけで十分な生き物なのだ。だってその佇まいは美しく、心からは芳しい香りがあふれ、見る人の心を魔法のように和ませてしまうのだから。だから、ただここにいること、ただそれだけでいいのだと"1輪のお花"としての自分の価値を認めて。その強さの中でこそ、その寛容さの中でこそ、わたしたちの授かった本来の価値は輝きだすもの。そう、乙女は1輪のお花。そのかけがえのない価値は、『ただここにいること♡』の中にこそある。だけどそれをそうだと認める強さがなくては、その価値は輝きだしてはくれぬもの。だから、誰かを越えられなくたって、誰かに勝らなくたって、誰かに評価されなくたって、いいんだって、それでもわたしには価値があるんだって。何もいいものを持ってはいないけど、何も誇れるところはないけれど、だけど、ただこうしてここにいることに価値があるんだ！って、自分が授かった1輪のお花としての魅力を力強く讃え、そうだと頷かせて。

つまり**「ただここにいること。それだけで、わたしはOKなんだと、可愛らしく、純粋で、ただここにいるだけで、愛され、大切にされ、幸運を授かるに値する特別な存在、それこそが自分なのだ！」**と。毎日、そう心に言い聞かせるのだ。何度も何度も言い聞かせることで、比較の定規は消えてなくなり、足止めをくらわず飛行機にすいっと乗りこめるようになる。そう、真の乙女の価値は自分を非難せずに許す強さ、否定せずに受け入れるやさしさの中でこそ、磨かれ、高まり、あふれだすもの。こんなふうに寛容なきもちで自分自身に向き合うことこそ、自分を認め、正しく評価するためのはじめの1歩なのだ。さあ！わたしはここにいるだけで、ただそれだけでいい、かけがえのない唯一の価値を持つ存在よって自信を持ってほほえんで。そうして比較や競争から脱し、認められようとせず、評価されようとせず、受けいれられようとせず、『ただここにいること♥』の中に十二分な価値を見出し、日々をゆったりと幸せに暮らしていく中で、世界一のその価値は最高に輝き、周囲のすべてを魅了していくのだから。

7 乙女とは、大地に咲く1輪のお花のような存在である。
―『乙女の魔法バイブル。』―

街で美しい人を見たり、素敵な人の話を聞いたり、人から感動をもらったとき、わたしたちは自分もそうなれたらいいなあ～って心をときめかせたり、憧れを抱いたりするけれど。でも、その1秒後にはため息が湧き上がってくる。だってあの人とわたしはまるで月とスッポン…だけど‼その判断は自分の無知が勝手に下す紛《まが》いものだということを忘れないで。その昔、かのソクラテスが己の無知を知ることが大切だと「無知の知」を説いたけれど、わたしたちは何よりもまず、自分自身に対して無知だということを知らなくては。自分の持つ素晴らしいチカラをちっとも知らない、ということを知らなくては。一般基準や人の評価に振り回され、自分自身に対して、名だたる辛口評論家もびっくり！な低すぎる点数をつけていることに、早く気づかなくては。あそこもダメ、ここもダメっていちゃもんつけて、「ハイ、0点。」なんて満点級の演奏に得点を与えず、眉をしかめていることに早く気づかなくては。演奏者がもしも他人なら、ブラボーってぱちぱち拍手を贈るっていうのに！そう、わたしたちは自分のすることに対して不当な評価を何食わぬ顔してしれっと下す、とてつもなく不公平な評論家。その評価は辛口を通り越し、理不尽。ほら、両目2.0の視力を持っているのに牛乳瓶の底のような眼鏡をかけたなら、すべてが歪んで見えるでしょ？そのくらい、わたしたちは自分のことを歪めて眺めているのだ。そうしてその一挙一動を否定的な観点から裁き、実際よりもかなり低めに採点しているのだ！こんなふうに自分を〝下げる〟癖がついちゃってるのだ‼どんなに美しい絵を描きあげたってその画家が自分ならば、駄作。どんなに素晴らしい歌を歌いあげたってその歌手が自分なら、耳を塞いで聴こうともせず……こんなふうに自分に接することでダメな自分を自分自身に知らしめ、心がちょっとでも良くなろうとする自発的な行動を起こすことを期待しているのだけれど、そうしたって実際は良くなることは何もない。

なぜなら、乙女の心は**『自分で自分に与えた点数だけ、そのチカラをだすことができる』**

という構造をしているから。もしも心の中に100点のチカラがあるとして。「アタシ、3点！」としたなら、出てくるのは3点分のチカラ。3点分の幸運がやって来て、3点分の夢が叶う。でもそれじゃあ足りないから、ちょっと甘く採点して「アタクシ、70点❣」とするなら、70点分の幸運がやって来て、70点分の夢が叶うのだ。つまり、自分で自分に高得点を与えれば与えるほど、わたしたちの心はその秘めたるチカラを発揮し、幸せになれるようにできている。夢を叶えていけるようになっている。酷い辛口の点数はチカラの出てくる間口を狭め、それを内側におしとどめてしまうのである。そうすれば自ずとやって来る幸運も、叶う夢の数も質も大きさも減点の分だけ低下する。ああ、なんてモッタイナイ！だから乙女は、自分に甘く。**とびきり甘く**❤躓《つまず》いたって、転んだって、恥をかいたって減点せず、その裏に隠された努力を、その根底に潜む想いを讃え、そこを評価し、高得点を贈るのだ！だってそうすることができるのは自分しかいないもの!!もしも結果重視で自分に点数をつけてしまったら、この先もう一度、何かに夢み、憧れる気力が殺がれてしまうだろう。そうしてわたしたちは心の持つチカラをおしとどめていくのだから。それをくり返し、ほんとうに何も叶わなくしてしまうのだから。**汲みとられるべきは、いつだって、その奥深くに潜んでいるあたたかく、やさしく、やわらかいものだということを忘れないで。**それは自分のこと、もう一度、立ち上がらせるために。何度でも、挑ませるために。決して諦めさせないために。わたしたちは自分ひとりだけでも、その結果の裏に秘められた自分の想いを讃え、認められる人でいなくては。世間の誰もが行かない、行けないその場所に、行かなくては。誰もが見ようとしない、その場所を、見なくては。そう、**甘やかすとは、その陰に隠れた目には見えない大切なものを汲みとるということ。その部分も、ちゃんと評価する**ということ。だって周りの人は表面だけを見て、淡々と厳しい点数をつけるもの。そう、周囲は表面の辛味担当。これが変わることはないのだから、自分は裏面の甘味担当になって。そして薄っぺらな減点を補うように自分にバンバン高得点を与え、百人力で心を支えなくては！「いい感じ♪」「よくやった♫」「やっぱり最高！」そうよ、わたくし、100点満点♥これで、いいのだ。豊かな肯定感の中で心を泳がせてこそ乙女のチカラは豊かにあふれだし、幸運の新記録は叩きだされるのだから。

8 いかなるときも己の味方に立つ勇気こそが、乙女の幸せの道をひらく。
―『乙女の魔法バイブル。』―

それなのに、辛口の評論家がこの心の中に居座り続けるものだから困りもの。ミスや欠点を得意げに指摘して放ちまくる否定ビームにやられてしまい、せっかく与えた高得点が水の泡…なんてことにならぬよう、ここで『最高の自分』という盾を心に持たせておこう！

えっ？ そんな自分は見当たらないって⁉ おっしゃるとおり、目に見えはしないけど、心に響くときめきと憧れという感覚を頼りに、それを見つけだすことができるのだ。たかがときめき、されど、ときめき！ たかが憧れ、されど、憧れ！ 自分の心が感じることを、バカにしないで。だって、乙女の心はむやみやたらにはときめかないし、憧れない。**いつか必ず手に入るもの、いつか必ずそうなれるものに対してのみ、ときめきや憧れを感じるようにできているのだ。それはまた、ときめき、憧れたものを与えられるに相応しい『最高の自分』が既にここにいるということを教えてくれているのである！** もちろん今の時点で誰もそんなこと分かってくれない。だって、それは目には見えないから。だけど目に見えるものはすべて、心の中に眠る1粒の種が育ち、実った果実なのだから！ それがまだ目には映らない種であるとき、誰かが「それがここにあること」を信じてあげなかったら、その種が育ち、現実に現れることはないのだ。いつまでたっても『最高の自分』がここに現れることはないのだ！ だからその〝誰か〟に自分が名乗りを上げて。そうしてひとり、心の中の誰にもヒミツの場所でときめきや憧れをあたためて。そうして確かにここにいる、だけどまだ目には映らぬ『最高の自分』を抱きしめつづけて。ときめいたものを手にする価値が、ここにあるんだって！ 憧れたものを贈られる価値が、ここにあるんだって‼ たとえ、今のちっぽけな自分のことを辛口の評論家に責められたって、ときめきや憧れが確かにここにいると教える『最高の自分』に焦点を合わせて、黙らせて。確かに、ここにいるのはダメなところばかりの自分。だけど、それがいつか必ずなるのは『最高の自分』！その種はこれから育ち、必ず、豊かに実る季節を迎えるのだって。

9
その対象の中に実現の可能性が秘められているものに触れたときにのみ、乙女の心に憧れやときめきという感情は湧き立つ。―『乙女の魔法バイブル。』―

だからもしも、自分の想いを裏切るようなことが起こったとしたって、そんなときこそ、『最高の自分』を力強く掲げ、絶望なんかに心を打ちのめさせないで。だって、ここにいるのは、『最高の自分』。類は友を呼ぶのがこの世界の掟だとするのなら、**最高の自分には最高の出来事しか起こらないのだ！**きっと、この想像力が届かないほど素敵な何かが、この想いをはるかに超えた何かいいものが運ばれてきたとき、わたしたちの思考はその最高っぷりを理解することができず、その出来事の表面だけを見て、〝不幸〟なんて名づけてしまうのだろう。物事が思いどおりの道筋を辿らなかったというただそれだけで、嘆き、悲しみ、恨み、希望を信じた愚かな自分を悔やんでは、勝手に心を被害者の罠に陥れ、失意のどん底にまで追いつめてしまうのだろう。『最高の自分』がここにいることを忘れたまま。『最高の自分』がすべてのマイナスをプラスに変えることを忘れたまま。『最高の自分』が放つ最高の輝きがどんな暗闇をも照らしだすことを忘れたまま。そして奇跡とは、『最高の自分』を盾にして、信じるもの、祈るもの、その対極にあるものに立ち向かう乙女の勇気に贈られるトロフィーだということを、忘れたまま。忘れたまま！　そう、ほんとうは気づいている。幸せとは、立ち向かった強さの証。面倒くさいから、しっぽを巻いて逃げだした、弱さの証。自分に起こる出来事を悲しむのは自らギブアップを申請することで、自分のことを否定するのは高価なダイヤを安値で賤《いや》しい商人に売り飛ばし、人生に白旗揚げると同じこと。そんなの乙女のプライドが許さない…！　そう叫びだしたいことだって。だけど、この目に映るのはあまりにも情けない自分。だけどだけど!!　その情けなさの内に秘められたのは、紛れもない、『最高の自分』なのだから！　そんな自分のこと、表面だけに惑わされ、いつまで相応しくない場所に置いておくつもり？　さあ、『最高の自分』に相応しい、この世界の頂点、その中でも幸せの最高峰！　その場所に、今すぐに引っ越して。最高の自分の眼下にすべてを見下ろし、自分以外の何者にも自分を傷つける力を、自分の心を踏みつける力を持たせたりしないで。ここにいる自分は惨めでも、心の中にいるほんとうの自分はそうじゃない!!　不幸でも、無力でも、愚かでもない、豊かで、素敵な、だれより輝く、最高の、最高の、最高の存在なんだって。

10 おおらかに自分を肯定したものに、幸運の女神はほほえむ。 ―『乙女の魔法バイブル。』―

さあ！　出来事の下に自分を従えて怯えるのではなく、それを自分の心に従えて。すべてを『最高の自分』の頂から優雅な気分で見下ろして。自分の中に非を見出し、こんな自分だから仕方ないなんてイイワケしながら出来事に平伏し続けるのではなく、『最高の自分』という揺るぎない軸を凛と立て、世界の中心をそこに据えて。不幸を不幸のまま終わらせないと、不運を不運のままほったらかしにはしないと、惨めさや後悔をこの心に残したまま終わらせはしないと、すべてをちゃんと幸せに結びつけていく努力をして。「これはやっぱりいいことだった♪」そう思えるまで諦めず、どこまでだって追いかけて！誰かに睨まれたような気がしたって「見惚れたんだわ！」って、陰口をたたかれたって「羨ましかったんだわ♫」って、どんな否定的な出来事にだって自分を惨めな気分にさせる力を与えず、『最高の自分』が受けとるに相応しい出来事になるように、心の中で美味しく味つけし、素敵ないいわけをつけ加え、可愛らしく色づけしながら歩いていくのだ。**自分にまつわるすべてを喜び、讃え、幸福と名づけてみせよう！**そんな乙女の決意こそが幸せの道を豊かに切りひらくのだから。だから最高の自分に起こる出来事は、最高の出来事！最高の自分が歩むのは、最高の人生！最高の自分に用意されたのは、最高の運命！それ以外にはない‼って強いきもちで現実に挑んで。

11
乙女の運命は、自分が認めた自分によりそう。
―『乙女の魔法バイブル。』―

誰の心の中でだって、自分に向かう否定的な感情と肯定的な感情は激しくせめぎあうもの。どちらにもそれなりの言い分はあり、すべてにおいて納得できるものなのだけれど、だからといって否定的な感情に軍配をあげてしまったら、乙女の人生はあっという間に不幸の波にさらわれてしまう。厳しく、冷たく、殺風景な世界の中を、ため息が覆う薄暗い毎日の中をずっとひとり歩きつづけていかなくてはならないのだ。それならすべての声に耳を傾けられる理性的なバランスのとれた人になる必要なんてない。だってわたしたちは、幸せになるために生まれてきたのだから！この手に握った運命の舵を幸せに向けて思いきり切って、嘆きの渦に飲みこまれず、不遇の向かい風を逆手にとって、自分のこと最高に幸せにしてあげなくちゃならないのだから‼何を差し置いても果たすべきその責任が、ここにはあるのだから。

だからわたしたちは自分の心の中のいちばん小さな「あなたはすてき♡」と囁くその声に耳を傾けてやらなくては。自分のことを最高だと褒め称え、涙を拭いてちーんと鼻をかませ、レッドカーペットを敷き、さあお姫様、この上をお歩きください！なんて誰かが言ってくれるのを期待したりしないで。いつか白馬の王子様が現れて、憐れな自分を救いだし、幸せにしてくれる…そんな惨めな物語を描いたりしないで。認めたくないけれど、どんなに待ったってそんな人は現れない。**なぜなら自分に与えられた人生を、自分の決断に基づいて、自分の足で堂々と歩む、その道のりの上でこそすべての幸運とは出逢えるものだから！**嘆きや悲しみから、憎しみや怒りから、不安や不満からこの手で自分を救いだし、幸せよとほほえませることができてこそ、自分を幸せにしてくれるものはここに集まってくるのだから！だから、自分で自分に救いの手を差し伸べて。「あなたは世界一♥素晴らしい」って、いつか現れる王子様に代わって、自分で自分にそう告げて。そのとき乙女の幸せな人生のはじまりの鐘は鳴り響くのだ。そう、**自分が自分に見出した価値に応じて、この現実は、周囲は、人生は、運命は、世界はたちまちその姿を変えるもの！**だから『最高の自分』への信頼を貫いて。そうすればすべては乙女の信頼に寄りそうように動きだす！そしてここは最高の自分に相応しい、最高の場所になる‼きっと自分自身に対しては誰もがエジソンであり、マルコ・ポーロ。常に自分に夢をみて、新しく、素晴らしい発見をくり返す、とびきり勇敢な開拓者でいなくては。ときにマザー・テレサになって、目を閉じて祈り、信じなくては。ここにあるものは自分が思うよりずっとずっと、素敵なもの。ずっとずっと素晴らしいもの。この心が授かって生まれた真の価値は強く、美しく、やさしく、やわらかく愛にあふれた最高のもの♥ここにこそ、真実はあるのだと。そうだと信じたい自分の姿に、そうありたいと願う自分の姿に、そうあれたらと夢みる自分の姿に命を与え、『最高の自分』と一緒に歩んでいくのだ。ふたりがやがてひとつになり、『最高の夢』がその優雅な姿に見惚れてしまうまで。『最高の恋』がその美しい姿に夢中になるまで。そして、世界中がその気高い姿に拍手を贈るまで！

12 "最高の自分"を、常にこの世界の頂に掲げよ。

—『乙女の魔法バイブル。』—

きっとここにいるのは惨めな仮面を被り、傷ついたマントを羽織り、汚れた靴を履いた、「こんな自分」のふりをした『最高の自分』！この真実はどんな暗闇の中でも美しく輝き、墨を塗られたって濁ることなく、踏み躙《にじ》られたって萎れることはない。だから、そのことを認めること。上げるのでも、下げるのでもなく、正面からまっすぐに、澄んだ瞳でこの心の中にいる『最高の自分』を見ぬいて。評価だらけの、内からも外からも厳しく責め立てられる世界の中で、歪みや捻《ねじ》れを優雅に潜りぬけ、卑屈にならず、のびのびとこの命を生かして。思いこみの檻の中から抜けだして、その可能性を羽ばたかせて！『最高の自分』を盾にして、闘いぬいて!!そうしてちゃんと、ここで『100％幸せになる！』そのはじまりを自分に与えることができるのは、はじまりの魔法を自分にかけることができるのは世界でたったひとり、「こんな自分」しかいないのだから。さあ、頼りないこの手で最高の称号を自分の胸に掲げよう！**そうして『最高の自分』を心の中で輝かせつづける限り、わたしたちはどんな道を辿ろうと結局、最高の夢を叶え、最高に幸せになれるに決まってるのだ!!**だからいつも安心していて。

さあ、これで12の搭乗手続きはすべて完了しました！
最高の乙女のみなさま、最高の♥最高の♥最高の旅を♥

つづいてく乙女ごと。

ずっと心に咲いていた命よりも大切にしていたあの花が
誰かにむしりとられたような気がした　あの日から

きっとわたしは怖かった　今までずっと怖かった

だってこれはわたしに与えられた罰なのだから
焦がれた心が　あの日　炎の中でへし折られたのは

ここに大した価値もないくせに　身の丈に合わないものを愛したから
だから　もう言いつけには背かないと誓うから　どうかわたしを許して

そうやって　なにかに怯えつづけ
そうやって　なにかを恐れつづけ

灰に埋もれた過去の中から醜いものを
わざわざ掘り出し　念入りにこしらえた
後悔の十字架をこの両肩に背負わせて

引かれた線の内側に留まると約束するから　もうこれ以上　苦しめないで
押しつけられた理不尽だってのみこむから　もうこれ以上　痛くしないで

誰かの顔色を伺い　誰かのご機嫌をとり　その拍手で呼吸をつなぎ
誰かの指図に従い　誰かが喜ぶように歌い踊って　体温をたもち
そうして許しを請っていた　世界に偽りのドレスをまとわせて
まぼろしの前にひざまずき　思いこみの足元でうなだれて

そのうち「わたし」は姿を消した

きっとここにいるのは　わたしのフリをした誰か

このくちびるは　周囲のバランスを保つために開かれて
このほほえみは　周囲の満足を支えるために作られて
そうしてただ　他人に食い荒らされていくだけの
ひたすら惨めなその人は　わたしではない誰か

だって　ほんとうのわたしには　夢がある！

食べてみたいものがいっぱいあって　行ってみたい場所がいっぱいあって
見てみたいものがいっぱいあって　触れてみたいものがいっぱいあって
そう　ほんとうのわたしの中には　楽しげに鼓動を奏で
この世界を豊かに彩る7色の夢を次々生みだす　心がある

それなのに　ここにいるわたしは　もう何にも憧れない　もう誰にも恋しない
幸せなんてとうの昔に手離して　ただ　この1日が早く終わるようにと願ってる
そんな不幸な誰かのことを「わたし」だなんて両手を上げて認めるわけにはいかないの！
ねえ　ここには偽とホントの区別などないよなんて諭す賢い顔した自分のことを黙らせて
だって　何かを嘘つきとして追い払わなくちゃ　何かをニセモノとして蹴飛ばさなくちゃ
大切なものの在り処がわからない　信じるものが姿を見せない　祈る理由なんて見つからない‼
分かってる　そのすべてが真実であり嘘つきで
知っている　そのすべてがニセモノでありホンモノで
ああ　ここは真逆の二つが平気な顔して寄りそって　微笑みながら
唾を吐き合う　矛盾に満ちた　正しくて間違いだらけの場所だけど

だからこそ　何度だって何度だって　ほんとうのわたしの名を呼びたくなる
ほんとうの先にある　すべてを超え　すべてをつつむ　澄んだわたしの姿を見たくなる

ねえ　聴こえる？　ずっとずっとここにいる　ほんとうのわたし

それは　いつだって自分の幸せのために闘えるわたし
誰かのために　何かのために　なんていいわけせずに

'Cause I am so special!

きっとそれは　いつだって　喜びつづけられるわたし
ここにいることを　ただ　ここにいられることを

'Cause I am so wonderful!

きっとそれは　いつだって　信じつづけられるわたし
自分のことを　何も持たない　ちっぽけな自分のことを

'Cause I am so marvelous!

きっとそれは　いつだって　祈りつづけられるわたし
奇跡のことを　いつかそれがここに訪れる日が来ることを

'Cause I am so fabulous!

そうやって　自分のことちゃんと守りぬいて
そうして　自分自身であることに胸をはって

だって　かけがえのない唯一の価値はここにある!

それなら折れたりしないでよ

夢みるすべてが現実になるまで　ふんばってみせてよ
試されてるんだくらいのきもちで　受けて立ってよ

叶わないなら叶うまで　踊りつづけて　さあ！
届かないなら届くまで　歌いつづけて　さあ‼

もしも途中でタイムアップの笛が鳴ったって
それでも　そこまで信じつづけた自分のこと

今よりもすこし　好きになれたなら　それでいい
今よりもすこし　愛しく思えたなら　それでいい

だって神様が贈ってくれた　この最高の人生は

なにかを夢みて心を焦がし　叶わなくて　もいちど信じて
だれかに恋して心を焦がし　届かなくて　もいちど祈って

そんな"もいちど"を何度も何度も　くりかえし

それでも負けない自分のこと　どんどん好きになるためにある
それでも諦めない自分のこと　どんどん愛していくためにある

そう　すべてはここに授けられた不屈の魂の在り処を教えるために！
最高の自分がここにいることを　ちゃんといることを知らせるために‼

だからかけがえのない唯一の価値を握りしめ　信じつづけて　ここにいてよ
だからかけがえのない唯一の価値を握りしめ　祈りつづけて　ここにいてよ

自分のことを奮いたたせる勇気が　この心の中でダイヤモンドのように輝くたびに
世界は何度だって美しく愛に満ちて生まれかわり　わたしをつつんでくれるのだから

さあ　わたしは　もいちどあの日の夢を背に乗せて
昨日より　ずっとずっと　強くなろう
昨日より　もっともっと　やさしくなろう

そうして明日もいちど　あなたに恋をして
明後日もいちど　あなたを想って心を焦がそう

まばゆい朝の光が　夜の闇に　何度さらわれたって
もういちど　信じることをあきらめないの
もういちど　祈ることをやめたりしないの

やめたりなんて絶対絶対できないの！

'Cause I'm so Precious!!

たとえば、"パーフェクトな彼との運命的な出逢い"は、今日から3日後の午後6時10分に会社帰りに偶然立ち寄った本屋さんの料理のレシピ本コーナーにて、魔法のチャンス到来♥
こんなふうに事細かに、魔法のチャンスが訪れるその日、その場所、その時間はもうすでに決められているもの。だから、わたしたちはそのときが来るのを待っていればいいのだけど。実は、魔法のチャンスは意外とそっけない。待ち焦がれたその瞬間がついにやって来た!としたって、お母さんみたいに耳元でフライパンを叩いて起こしてなんてくれない。郵便配達のお兄さんのように何度もドアをノックしてくれるほど親切でもない。そう、魔法のチャンスは、めちゃくちゃクール。何食わぬ顔をして乙女の前に現れ、こちらが気づかなければ、そのまま何も言わずにすーっと目の前を通り過ぎ、人ごみに紛れてその姿を消してしまうのだ。だから! 出逢ったその一瞬に、「ん?」とか「え!?」とか「あーっ♥」とか、心で何かを感じとることができないと、魔法のチャンスをつかむことはできないのです‼その上、魔法のチャンスは、結構、ルーズ。いつも気合い入れてオシャレなんてしないため、上下お揃いの冴えない苔色のジャージを着て現れるかもしれないときた! それなのにわたしたち、魔法のチャンスは街の看板で見かけたモデルのように、仕立ての良いスーツをビシッと着こなしたウルトラ級のハンサムガイに違いないって思っているから、「こんなの違うし!」って鼻で笑って無視しちゃう危険性高し! さらにっ‼魔法のチャンスは、かなりのセッカチ。常に競歩並みの速さで脇目も振らず歩いているため、すれ違ったときに、「今のって、魔法のチャンスかな～？う～ん」とかなんとか考えていたら、忽《たちま》ちその姿を見失ってしまうもの。『チャンスは飛ぶ鳥の如し』なんて名言をどこかで見たけれど、それなら『魔法のチャンスは逃げる魚の如し！』それをつかむときは、スピードが命なのだ。つまり、クール、ルーズ、セッカチと扱い難さ満点な"魔法のチャンス"をつかむためには、その外見的な特徴、すなわち、目に映るものに惑わされていてはダメだってこと！えっ？じゃあ何を頼りにしたらいいのかって？それは目に映らないもの、すなわち、**心に響いてくる感覚＝乙女の直感**なのである。

チャンスを見逃す人が多いのは、チャンスはオーバーオールを着て現れて、労働のように見えるからです。
トーマス・エジソン

乙女の心は打てば響く鐘のようなもので、何かを見たり、聞いたり、触れたり、匂ったり、味わったりすると、それとほぼ同時に心に響いてくる感覚がある。それは理由など持たない、とても曖昧なものなのだけれど、これを信じることで、魔法のチャンスをつかまえることができるようになる。なぜなら心に響く感覚は、それがまとった十二単《ひとえ》の嘘偽りの下に秘められた物事の**「本質」**を見ぬいてくれるものだから！本質とは、そのものの本来の姿のこと。

実は、この世界に存在するありとあらゆるものは、まるで梅干し入りのおむすびのように、その中心に「本質」をそっと秘めて、ここにある。それを見ぬけるか見ぬけないか、ここが乙女の幸と不幸の分かれ目なのだ。なぜかって？ ほら、自分と相性がいい人と悪い人って必ずいるでしょ？ 同じように、物事にも自分と相性のいいもの、悪いものが必ずあるのだ。その人がどんなに素晴らしい性質を備えていたって自分とは合わずにうまくいかないことがあるように、物事がどんなに素晴らしい本質を備えていても、それが自分の本質と合わないとその後の展開がスムーズに運ばれていかなくなってしまうのである。そう、すべては掛け算で決まるのだ！無意識のうちに互いの本質同志が掛け合わされ、その結果、幸か不幸か出た答えのほうへと進んでいくもの。だから何かと自分の本質が掛け合わされる前に、その答えがプラスとなるのか、マイナスとなってしまうのか、吉と出るか、凶と出てしまうのか、それを〝**乙女の直感**〟で見極め、プラスになるものや吉と出るもの……つまり幸せに向かっていけるものだけを選びつづけること！これが、いつの日も幸せでいつづけるための乙女の極意なのである。さらにいいのは、そうやって自分の本質と相性のいい、自分にとってプラスに働くものだけを選びとっていく癖をつけておくと、自分のところにやって来る物事の本質レベルがぐんぐん上がっていくこと！するとそのうち、掛け合わせて『大吉』となる人や物事と出逢えるのだ。それこそが乙女の夢への扉を一気にひらく〝魔法のチャンス〟なのである！

自分にとってプラスに働くものが目の前に現れたとき、乙女の直感は2種類の音色を響かせてその到来を知らせてくれる。ひとつめは、ほっ♥と系。グラフに例えるならその傾きは15度から30度の右肩上がり。そんなに急な上がり具合ではないけれど、休日にお家の中でくつろぐときのように緊張から解き放たれ、心が和らぎ、穏やかで、心地よく、なんだか安心できる……そんな感じ。ふたつめは、きゅん♥と系。これをグラフにするなら60度から90度の右肩上がり。どこかにお出かけをする前のようなわくわく感、恋のはじまりのようなときめき感、思わず笑顔がこぼれてしまうようなとびきりの幸福感を心が捉えたら、その本質は自分と相性がばっちりで、手をとりあえば必ず『吉』と出る理想的な関係！もちろん明確な根拠があるわけではないから不安だけど。でも、この根拠のなさこそが根拠を超えて、目に見えるものを突きぬけて、その「本質」を捉えているという証なのだ。そう、感覚は思考よりもずっと早く、100％正確な答えを教えてくれるもの。それなのにわたしたち、目に見える〝証〟ばかりを頼りにしてしまうけど。誰かの手によって形を与えられたものは、大抵は見栄え良く、こちら側の不安を丸めこむべく都合よく作られているのだから。本質がどのようなものであれ、その頭に可愛い帽子をかぶせてしまえば、「これでばっちり♡」に見えるもの。その姿に惑わされ、自分にとって大凶のものを選んでしまい、とんでもない問題が勃発する……なんてことにならぬよう、世界中で最も確かな未来の安全保障書は〝乙女の直感〟が発行するものだということを忘れずに。目に見えるものは、形を持つものは、ほとんど飾り付け済みのものだということを忘れずに！それを無視して物事の上っ面に振り回されているうちは自分を幸せにすることなんてできないのだということを忘れずに‼だから、これからは心に響いてくることをいちばん頼りにし、それに基づいて判断し、選択し、決断していこう。考えて…ではなく、感じて♡計画を立てて…ではなく、今だと思ったそのときに♡安全だとみんなが言うほうへ…ではなく、なぜかしら心がそっちと指差すほうへ♡そうして物事の上辺の装いに惑わされず、本質同志を響かせ合って、確かな幸せの道を歩んでいかなくちゃ‼たとえば使い回しの効きそうなジャケットor休日しか着られそうもないけど思わず見惚れたワンピース……迷ったら、心惹かれたほうを選んでみて。そうしたら突然、友人の結婚式に呼ばれてそのワンピースが大活躍！なんてことになるのだから。そう、選んだものがこの先どう働くか、自分にどういう影響を与えるかを乙女の直感は100％見ぬいているのだ。今この瞬間だけではなく、3か月後の状況までも把握して。だから"乙女の直感"に頼って暮らせば、わたしたちは躓《つまず》かずに幸せの王道（常に幸運に恵まれ、問題が自ずと遠ざかっていく最も安全な道）をずっと歩きつづけていける。もちろん物事の本質レベルはぐんぐん高まり、幸運度はどんどん上がる。そうして暮らしているとある日突然、ハワイに別荘を持つお金もちで、性格も温厚＆誠実で、世界でいちばんわたしを愛してくれる最高の王子様＝魔法のチャンスに出逢えちゃうのだ！そのとき彼の頭の毛がちょっぴり薄いことが気になっても、心に響いてくるあたたかく、心地よい感覚を頼りにすれば、ああ、この人は自分にとってプラスの影響を与えてくれる人、手をとりあえば幸せに向かって行ける『大吉』の人だわ♥ってわかるから、確信を持って、にっこり笑顔でデートの誘いに応じられるはず！そう、魔法のチャンスはハンサムな20代じゃなく、中年のオッサンかもしれない。豪華なホテルで開かれるパーティーではなく、近所の公園にハンバーガーを片手に現れ「隣に座ってもいいですか？」なんて聞いてくるかもしれない！だけど日ごろから乙女の直感を頼りに選択を積み重ね、それをちゃんと高めておけば、魔法のチャンスがどんな格好をしていても、心にほっ♥とやわらぐ、または、きゅん♥と高鳴る、とにかく『いい感じ』が響いてくるはずだから、見逃すことはない。だから、大切なのは普段の暮らし。だって乙女の直感はありふれた日々の中でこそ高められ、〝魔法のチャンス〟もその中にこそやって来るのだから！ そう、ふたりが出逢って奇跡がおこるのは、わたしたちがブーブー言いながら通り過ぎてく平凡な日常。うんざりするような毎日の中でこそ、人生をあっという間に黄金色に輝かせてしまうようなチャンスを宝くじのように引き当てることができるのだ。〝乙女の直感〟さえ頼りにすればね！

目で見、耳で聞き、心に感じることは間違わない。間違うのは判断だ。 ゲーテそれではここから、もうワンランク上の乙女の直感力の高めかたをお話していきましょう！
実は、直感力とはすべての乙女の心に生まれつき備わった〝体力〟のようなもの。だから、直感力を高めるとは、心に体力をつけてあげるということなのだ。たとえば、風邪を引いて体力が落ちてしまった人にはまず、栄養のあるものをいっぱい与えて、その体力の回復をはかるでしょ？ 同じように、ハードな仕事やストレスだらけの人間関係、日々の雑事に追われて弱った乙女の心も、栄養のあるものをいっぱい与えられると体力が回復しはじめるもの。

じゃあどうすれば、心に栄養をいっぱい与えることができるだろうか？ 前にもお話したように、乙女とは1輪のお花のような存在。お花が大地から栄養分を汲み上げ自らを育てていくように、わたしたちも大地から絶え間なく栄養分を汲み上げ、自分の心を育てているのだ。だから、大地（自然の力）とのつながりを強めればいいのである！ だってそうすれば自動的に汲み上げられてくる栄養分の量は増えるのだから。こんなふうにして豊かな栄養の循環の中に自らの心をおけば、みるみるうちに乙女の心の体力は回復し、直感力もそれにつられてぐんぐん高まっていく。そう、直感力を高める鍵は〝自然の力とのつながり〟にこそあったのだ。そのつながりを強める上で、鍵となる重要な一文がこれ。『**すべての乙女の命をこの世に誕生させたのは自然の力である！**』え〜？ わたしはママから生まれたもん！ なんて言うのはナシ。だってママのママ、そのまたママ……ってもとを辿れば、ほら、海という自然の力に行きつくもの。そう、この地球上で生きるすべての命は自然の力を母として存在しているのだ。肝心なのは、ここから！実は、乙女という生き物をこの世に誕生させるときに、母なる自然の力が乙女の心に授けた3つの宝ものがある。**それは『乙女の本質』と名づけられ、生まれてから今日この日まで、ずっとわたしたちの心の奥に存在しつづけているもの。この『乙女の本質』を大切にして暮らすことこそ、自然の力とのつながりを強めるとっておきの"乙女の魔法"なのである。**なぜって？ほら、たとえ鉛筆1本でも自分が選んで贈ったものを大切につかってくれる人がいたらうれしくて、その人のことを好きになってしまうでしょ？同じように自然の力だって自分が贈ったものを大切にしてくれる人のことを好きになってしまうのだ。そうすれば、自然の力はわたしたちの心をぎゅっと抱きしめる。そして、そのつながりは強く揺るぎないものになる！**つまり自然の力とのつながりを強めるとは、自然の力に好かれるよう、愛されるよう、それが授けた『乙女の本質』を尊び、敬い、大切にして暮らすことに他ならないのである。**じゃあ、『乙女の本質』って具体的に一体なあに？それは、「そのままの自分」「ひとり」「可愛らしさ」。さあ、上から順にはじめましょう！

幸せの原点は、自分に授けられたものを大切にすることである。『乙女の魔法バイブル。』より

こうあるべき理想の姿もいつかそうなりたい憧れも、「そのままの自分」の素晴らしさには逆立ちしたって敵わない。

誰の心の中にも、いつかこうなれたらいいなあ～と願ってやまない理想の自分がいるもの。それと比べたら、今ここにいる「そのままの自分」なんて、まるで白鳥と醜いアヒルの子。どんなに背のびしたって憧れには届かず、その姿形は似ても似つかず……だけどそれでも乙女は諦めず、何としてでもその理想に近づこうと、「そのままの自分」に容赦なくムチの雨を降らせ、骨の髄まで鍛え抜く。「あの人のように素敵になりなさい！」って菜食主義になることを誓ってみたり、今日から朝晩腹筋30回やるから！なんて宣言してみたり。でも、こんなふうに「そのままの自分」のヘンテコな凹凸をゴリゴリ削って〝理想のかたち〟におしこもうとすればするほど、最も大切な自然の力とのつながりは脆《もろ》くなっていくのだということを忘れないで。なぜなら、こんなメッセージが自分に届いてしまうから。「そのままの自分なんて、いないほうがマシ！」「そのままの自分なんて、価値なし‼」だから全部カンペキに整えて〝理想のかたち〟になって己に価値を与えなさい！って。だけど裏を返せば、これは「そのままの自分」を否定し、傷つけていく行為に他ならない。そう、わたしたち、いちばんに大切にしなくちゃいけないものを、もっとよくしよう、理想のかたちにしよう、完璧にしようとすることで、とても傷つけてしまっていたのである。「そのままの自分」とは、自然の力が贈ってくれた『乙女の本質』であるがゆえ、これを否定し、傷つければ傷つけるほど自然の力とのつながりも傷つき、その絆はボロボロになっていく。ちょっとでも良くなればと必死になってしている ことが、実は、自然の力とのつながりを弱め、乙女の直感力を酷く鈍らせていたのである！これでは、魔法のチャンスはつかめない。つまり、どんなにがんばってもわたしたちの夢が叶わない原因は「そのままの自分」を否定し、クッキーみたく完璧な型で抜いてやろうと奮闘していたことにあったのだ。だからこれからは、自分をもっと良くしなくちゃ！なんて思わないこと。もっとちゃんとしなくちゃとか、もっとステキにしなくちゃとか、もっと努力しなくちゃとか……そんな「もっと！」は自分の心を傷つけるだけなのだから。だから、〝これ以上〟を求めるのはもうやめて。そうしてこれ以上はないというほどの思いやりを呼び覚まし、そのままの自分をまるごとやわらかく受けいれて。もっともっとなんて求めずに、そのままでいいんだよって、不甲斐ない自分を許し、不出来な自分にやさしく暮らすのだ。そして「もっと！」をつかうときは、**自分を否定するのではなく、肯定するほうへ！**もっともっと自分を認め、もっともっと自分を讃え、もっともっと自分を労《いたわ》って……そう！もっともっと、わたしたちは、自分のことを尊い存在として見つめなくては！もっともっと自分自身に敬意を払い、もっともっと自分のことを大切に扱わなくては‼なぜかって？

なぜなら、わたしたちの体の約80％を水分が満たすように、わたしたちの心の約80％は自然の力で満たされているから。そう、100％丸ごと自分自身でできているって思っているこの心に成り立つ方程式は、『乙女の心＝80％の自然の力＋20％の自分自身』。それなら心とは、とても尊いもの。それを体の中心に据える自分という存在だって、とても尊いものなのだ。だってこの心の中にはいつだって、自然の力が満ち満ちているのだから。自然の力と2つで1つ、そうやって自分はここに存在しているのだから。そう考えたら、自分とは「この程度」って頭が捉えているようなちっぽけな存在じゃないことが分かるはず。だってわたしたちは自然の力とともにここにいるのだから！自然の力は、この世界のあらゆるものを司るもの。すべてをその意志の下に従え、思いのままに、あるべき場所へと動かしていく万能の存在。わたしたちはその一部であるだけではなく、その力と心を通じてつながって、自由に働かせることだってできるのだ。つまり自分とは自分をはるかに超えた存在なのである！見たり、聞いたり、触れたりできる自分なんて自分の僅か数％で、そうすることができない自分のほうがよほど大きいのだということを忘れないで。そう、目には見えない、触れられない、聴こえない、自分を超えた自分がここにはいる。そんな自分は日々の中で自然の力とのコミュニケーションをはかること、つまり心に響いてくる乙女の直感を信じることでたちまち引きだされ、この現実に影響力を持ちはじめるもの。だからこそ、わたしたちはこの心が感じることを尊ばなくてはいけないのである。この心に響くことを、大切にしなくてはならないのである。『**直感を信じること＝自然の力と強くつながること。**』なのだから。そうして日々を暮らせば、自分を超えたレベルで出来事がスムーズな循環をはじめ、自然の力とつながってここに存在する〝自分〟を実感することができるもの。そうすれば自ずと自分に対する敬意や感謝のきもち、愛情なんかがあふれだし、そのまま自分を否定しようとする気持ちは自然と押し流されていく。それは、意識の下側で。だから意識して自分を肯定し、敬意を持って接し、感謝のきもちを奮い立たせながら日々を暮らすようにしてみるなら、その働きはもっと高まり、二倍速以上で自分に対する否定的な感情は押し流されていく！そうして自然の力とより強くつながれば、乙女の心に体力がぐんとつき、直感力は一気に高まり、魔法のチャンスを楽につかめるようになる!!そう、〝理想のかたち〟になんてならなくたって乙女の夢は叶うのだ。いいや、そうしようとしないことでこそ自然の力は力強く働いて、それは見事に叶えられてしまうのである。だから安心して。そして自信を持って。だって「そのままの自分」は、自然の力と2つで1つ。どんなに自分のことが気に入らなくたって、いつだって目に映らない〝自分〟を超えた自分がここにはいるのだから！さあ目を閉じて、目に映る以上の尊さを自分の中に見出して。目には見えないその輝きを信じて。そうして、もう自分のことバカにしないわ！自分のことコケにするのはやめるわ!!って決意し、自分を否定する一切の感情に手を振って。こんなふうに「そのままの自分」を大切にして暮らすことでこそ、わたしたちは自然の力とのつながりを揺るぎないものにすることができるのだから。

自らを汚し傷つける人に対してのみ、この世は汚れたものになる。
ウォルター・ホイットマン

でも、自分のことを否定しないようにって力めば力むほど、かえってイヤなところばかり気になって、それがどんどん膨らんで、どうしようもなくなっちゃうもの。そんなときは、否定の対極にある肯定的な感情を自分に対して抱けるように努力してみよう。あたたかい肯定的な感情にふんわりつつみこまれたら、どんな否定的な感情もたちまち溶けてしまうから。

肯定的な感情の中で最も強力なチカラを持っているのが、「すき♥」といううきもち。つまり、自分を好きになる努力をすればするほど、「そのままの自分」を受けいれることができるようになるのだ。じゃあ、どうしたら自分を好きになれるのだろうか。**そのためには自分が好きになれるような自分の姿を毎日の中でできるだけたくさん自分に見せてあげること！**

普段はあまり意識しないけれど、いつだって自分のことを意識の片隅からじーっと見つめている〝自分〟がいるもの。たとえば慌ててバスに飛び乗り勢いよくずっこけた自分の姿を、コンビニのレジでお金を払おうとして小銭をバラまいちゃった自分の姿を……日常のありとあらゆる場面において、誰よりも近くで自分の姿を見ている自分がいるもの！そう、わたしたちが見られているのは他人だけじゃない。自分は自分こそに見られているのである‼このもうひとりの自分に、いかに自分のことを好きになってもらうか、いかに自分に対して「いい感じ♥」を抱いてもらうか、ということが自分を好きになれるか否かの決め手なのだ。だから、日々の暮らしの中のふとした瞬間に『どっちの自分がいい感じ？』って自分自身に問いかけてみて。電車の中で誰かが大声で電話をしていたことにイライラする自分とおおらかなきもちで許せる自分、どっちの自分がいい感じ？友人の誕生日にメールを贈る自分と無視する自分、どっちの自分がいい感じ？誰かを褒める自分と誰かを羨む自分、どっちの自分がいい感じ？笑顔の自分としかめ面の自分、どっちの自分がいい感じ？そうやって毎日の中で自分のことを見つめる第三者的な視線を心の中から引っぱりだし、『こっちの自分のほうがいい感じ♥』『こんなの自分のほうが好き♥』ともうひとりの自分が答えてくれる自分でいられるようにするのだ。そうして自分の心から「いい感じ♥」「すき♥」を勝ちとるほどに、わたしたちは自分のことを好きになれる。好きになればなるほど、「そのままの自分」だって受けいれられるようになっていく！だからわたしたちはいつだって、心の中から自分に向けられているもうひとりの自分の眼差しこそを、気にしていなくては。自分こそが、自分のことをいつも見ているということを忘れないようにしなくては。そして、自分が自分を認められるような、自分が自分を好きになれるような、自分が自分に対して好ましい感情を抱けるような自分自身になれるよう、人のお眼鏡ではなく、自分のお眼鏡に適うように常に前進し、自分から高い評価を勝ちとりつづけていかなくては。そう、**必死になって上げるべきは他人からの評価ではなく、自分に対する自分の評価**なのだ！ちょっとのことで苛立ったり、大声で怒鳴ったり、親切にしてあげなかったり、無愛想だったり、ミスを責めたり、厳しく批判したり……そんなときには誰よりも〝自分〟が自分に失望し、自分への評価は一気に下がってしまうもの。それは通信簿が「5」から「1」に下がるような勢いで！反対に落ち込んでいる人を励ましたり、困っている人に手を差し伸べたり、忙しそうな人を助けたり……つまり人にやさしく、あたたかく、やわらかく接することができたとき、自分に対する自分の評価は「1」から「5」に一気に上がるもの！忘れないで、特に人と触れ合う瞬間にこそ、自分を見つめるもうひとりの自分の眼差しは鋭くなるのだということ。つまり日々の中で誰かと向き合う、触れ合う、見つめ合う、話し合う、隣合う瞬間は、自分への評価を上げ、自分から「すき♡」を勝ちとる絶好のチャンスなのだ！それなら今日からはバッグの中にやさしさとあたたかさとやわらかさをたっぷり詰め、心をやわらかくして出かけよう。他人のことを批判し、否定し、厳しく責め立てる気持ちがこみあげてきたら、何度だってトイレットペーパーにつつんでさっと流して。そうして**一番大切なものを目の前の人の笑顔**

に決めて♡つまり正しいか正しくないかではなく、相手が笑顔になるかならないかで、自分の言動の方向を決めるのだ。相手の表情がちょっぴりやわらぎ、心がほんの少し慰められ、僅かでも幸せなきもちを贈れる…日々の暮らしの節々でそんな〝自分〟に出逢えるように！「人にやさしい」「人にあたたかい」「人にやわらかい」自分にこそ、乙女は最も好ましい感情を抱くことができる生き物なのだから。だからできるだけ**おおらかなきもちでいること**もとても大切。人に対して寛容になればなるほど、人のことを許せば許すほど、わたしたちは自分を好きになり、それを通り越し、惚れてしまうもの。そうすれば自分に向かう否定的な気持ちの一切は押し黙り、「そのままの自分」を好きにならざるをえなくなってしまうのだ。ほら、恋した彼に欠点があったって、ちっとも気にならないでしょ？惚れた弱みというヤツなのか、何をしたって許せちゃうでしょ⁉同じように、自分自身に惚れると、自分にどんな欠点があったって気にならなくなり、どんな失態をやらかしたって「いいよ♡」と自分を受けいれることができるもの。だから、〝おおらかさ〟で自分を自分に惚れさせて。惚れた弱みの中に「そのままの自分」を抱かせて。たとえば誰かに心を傷つけられたって、何らかの事情があってそうする他なかった、どうがんばったってそれ以上はできなかったのだと想像力を良いほうに働かせ、最高の弁護士になって感情を荒げずにその人のことを受けいれてあげて。たまに超がつくほどの性善説の信者になって。ときにマリア様を演じる気分で。そうすればわたしたちは自分のことも同じように、おおらかなきもちで受けいれられるようになるもの。むやみやたらに否定しようとしなくなるもの。そう、人をつつんだおおらかさによって、人に贈ったやさしさによってつつみこまれるのは、実は他人ではなく自分自身なのだ。だから人におおらかに、自分におおらかに……誰に対しても〝おおらかに〟！それは目には見えないバックグラウンドを、その背景を讃えて、ということ。どんなに漂々としている人だって、実際は想像もしえない複雑さの中を必死で駆け抜けているものなのだから。

それに至らないところだらけなのは、誰だって同じ。気づかないだけで、誰かのやさしさに助けられてここまで来たのだ。それなのに自分は人にやさしくできないなんて、人のイヤなところばかりを見て否定したり、非難したり、苛立ったり……ねえ、あの日の自分を忘れたの？何もできず、何も持たずここに生まれたわたしを育ててくれた、たくさんのやさしさを忘れたの？ううん、忘れてなんかない！だからこれからは1粒のやさしさをわたあめみたいに膨らませ、おおらかなきもちで人を受けいれていこうって、そう思うんだ。人に鋭い否定の刃を向けない、あたたかく、やさしく、やわらかい自分でいようと思うんだ！それはあの日の誰かへのありがとうのきもちに代えて。だってわたしたち、つながっているのだから。だってだってそんな自分のことを、誰よりも自分が「めちゃくちゃすき♡」になれるのだから。

だから、忘れないで。どこにいるときも、誰といるときも、たとえ、部屋の中にひとりでいるときさえも、「自分が自分を見ている」ということ。毎日の中に刻みこまれていくこの一瞬、どんな些細な場所にだって、自分を見つめて離さない最も厳しい自分の眼差しがあるのだということ。そして、その眼差しが下す自分への評価こそ、最も乙女の人生に影響を与えるものだということ。自分が自分にOK♪を出せたなら、その行動にGOOD♫を与えられたなら、その笑顔をオーWONDERFUL♥と呼べたなら、乙女の人生もその評価に背負われて、1歩1歩幸せの階段を上りはじめるのだということ！**つまり幸せの鍵を握っているのは自分に対する自分の評価なのだ！自分に評価される自分でいることに必死になるほうが、誰かに評価されようと必死になるより、ずっと確実に幸せになれるのだ!!**

だからキョロキョロしないで、意識は常に、周りではなく、100％自分自身に向けていて。いつも自分に集中していて。人にどう思われるかではなく、自分が自分をどう思うか、そこをしっかり踏みしめて歩いて。誰かにほほえむことができたとき一番にうれしいのは、ほほえまれた相手じゃない。そんな自分を見た〝もうひとりの自分〟こそが、一番にうれしく誇らしいのだって。そうやってこの1歩を誰かのためではなく、自分のために踏みだして。そう、賢い乙女が受けて立つべき勝負は、たった1つ。それは、**『自分の純金製の御眼鏡に適う自分にどれだけなれたか!!』**なのである。他人の金メッキの御眼鏡ではなくってね！

たとえば雑誌の『素敵な女性たち』と題された特集に並べられた今をときめく女性たち。眩《まばゆ》いキャリアを身に纏《まと》い、時代の先端に立ち、優雅にそれを牽引《けんいん》して……まるで正解はココにあるのヨと言わんばかりに、皆が憧れるようなものを身に着けて。そんなふうに自慢げに「素敵さ」を見せびらかされたら、いやが上にも、乙女の欲望中枢は刺激され、彼女たちのような「素敵さ」を身に着けたい、そして彼女たちのように、皆から憧れられ、注目され、称賛されるような存在になりたい、そうすれば幸せになれるのだ！そう思ってしまうもの。

でも実際は、そんな素敵さを貪れば貪るほど、わたしたちは幸せからは遠ざかってしまうのである。なぜならその「素敵さ」は、自分のために用意されたものではないから。そう、それは誰かに素敵と思われるためのもの…つまり、〝誰か〟のために用意されたものなのだ。たとえば誰かのために用意されたとびきり素敵なドレスがあるとして。それをどうぞ♡って着せられたって、ちっとも幸せなきもちになれないでしょ？同じように、誰かのために用意された「素敵さ」をいくら身に纏ったって、乙女はちっとも幸せになれないのである。そう、乙女が幸せになれるのは〝自分のために〟用意された素敵なドレスを身に纏うとき♥なのだ。それが純粋に自分のためだけに用意されたものであってこそ、それを身につけたときにこの心はようやく幸福感につつまれるのである。だからわたしたちは、追い求めるすべてを〝自分のために"用意してあげなくちゃ。誰かに認められよう、拍手をもらおうとするのではなく、自分がどう思うかが重要なのだって、自分にこそしっかりと向き合っていかなくちゃ！

誰かにとって「素敵」でありたいと、誰かの目に「素敵」に映りたいと、〝誰か〟を気にしすぎることは、誰かに振り回されて生きること。それは誰かという先生に監視され採点されてると同じこと！そうすると、この心は不安定の極地に追い込まれる。だって何かをする度に誰かの顔色が気になり、何かをする度に誰かに下される評価が心配で、何かをする度に誰かにどう思われるか恐怖を感じるのだから。こんなふうに他者の気分で自分の心が揺らがされる日々の中にいて、一体どこに"自分のために"を模索する余裕があろうか。一体どうして自分の心に向き合うことができようか。だからわたしたちは一秒でも早く、誰かに「素敵」と言われたいと思うのをやめなければ。そう、自分にとって「素敵♡」ならそれでいいのだって。だって誰かの評価に依存している限り、いつまで経ってもこの心は安定することはないのだから。安定しなければ幸せを感じられないのはもちろん、乙女という1輪の花はしっかりと大地に根づくことができなくなる。栄養分は欠乏し、直感力は衰え、ますます幸せから遠ざかる……だから！わたしたちはとにかく自分で自分の心を支えなくては‼誰かの褒め言葉を両手いっぱいかき集め、ひとつひとつ積み上げてみたって、その高さはマッチ棒以上になることはないのだから。どうしたってそれは心を支える杖には及ばず、幸せを勝ちとる剣にはもちろん、目の前の扉をひらくちっぽけな鍵にすらなってくれないのだから！　それならば他者になんて浮気せずに、100％自分と見つめ合ったもん勝ち♥なのである。いつも自分の心の声に耳を傾け、人の言葉は参考程度に、自分の瞳に映る自分の姿こそを意識して。自分の評価に基づいて1歩、また1歩、素敵な自分へと踏みだして。その1歩がたとえ誰かに「素敵」と称賛されるものでなかったとしてもいいじゃない。自分の瞳に映る自分の姿、自分の耳に響く自分の声、自分の心が捉える自分の想い……そういうものひとつひとつを自分が素敵と認められるように調えながら、自分から高評価を勝ちとりながら歩みつづけることで、乙女は必ず幸せになれるのだから。**つまり自分が自分を見つめた分だけ、認めた分だけ、好きになった分だけ、惚れちまった分だけ、わたしたちは幸せになれるのだ！**　なぜならその分だけ、「そのままの自分」を受けいれられるようになるから。そして自然の力と強くつながることができるから。

だから乙女は、100％自分のための人生を！　持てるチカラを100％いつも自分に向けていて。自分に恋して自分に惚れて。誰より自分に夢中になって、そうして最高の幸せをつかまなきゃ！

自分を受け入れた器の大きさは、与えられる幸運の大きさに等しい。

『乙女の魔法バイブル。』より

この本に出逢うまでのわたしは、とにかく自分の価値を上げようと必死でした。少しでも周りの人に素敵と思われたい！と過剰なダイエットをし、流行りのものを身につけ、化粧品を毎月たくさん買いこみ……それはみんなに愛されたかったから。素敵な彼が欲しかったから。でもその願いが叶うことは、ありませんでした。だからこの本を読んだとき「ああ、だからうまくいかなかったんだな……。」と妙に納得(笑)。自分のことを受けいれようとせず、欠点を論《あげつら》い、バカにして、否定して、そうしてどんなに自分を磨いても、誰もわたしのことを愛してくれるはずがないですよね。そのことに気づいてから、わたしは変わりました。たくさんの自分がいるけれど、どの自分も受けいれていこうと。もう決して自分を責めたり、否定したりしないぞって。だってわたしはがんばっているのだから！そんな気持ちで自分と向き合ってみたら、はじめて、自分を愛おしく感じることができました。そうしたら不満だらけだった毎日の中に、幸せをいっぱい見つけることができるようになったのです。また、仕事で表彰されたり、ビンゴで1等賞が当たったり、憧れていた鞄を叔母がプレゼントしてくれたり……信じられないような幸運にも恵まれるようになりました！それからダイエットをやめたのに体重が理想どおりになり、気に入られようと無理しなくてもみんなから食事会やらイベントやらに誘われるようになり、そんな中で運命的な出逢いに恵まれ、最高の彼氏もできました!!こんなに楽なのに欲しかったものが自然と手に入ってしまうなんて、まさに〝魔法〟です♥

日々暮らしていれば、誰もが思いどおりにならない自分に出逢うもの。たとえば休みの日、目を覚ましたら9時だった。本当は7時に起きて掃除と洗濯をし、それから紅茶を入れて、昨日デパ地下で買った苺ジャムをトーストに塗って、映画の中の主人公のように朝ごはんを食べようと思っていたのに…‼そんなときには計画通りにできなかった自分に腹が立ち、「なんでちゃんとできないの！」って叱咤したくなるのもわかるけど。でもそれは、勝手にこう思い込んでいるから。「自分は自分の思いどおりになって当たり前である。思いどおりに動いてくれさえすれば、すべてはうまくいく！」なんて。この〝思いこみ〟の首に真実のプレートを掲げている限り、自分が思いどおりに動けなければ、すべてはうまくいかなくなってしまうわけで。それなら思いの枠に収まらない不出来な自分に対して苛立つのも当然のこと。だって、それですべては台無しなのだから！ だけど実際は、そんなことにはならないのでご安心ください。それどころか、真実はその対極にあるのだ。**『自分は自分の思いどおりにならなくて当たり前である。自分を思いどおりにしようとしないことでこそ、すべてはうまくいく！』**のほうにね！

乙女の心に触れてプラスに変わらないマイナスはこの世にない。
『乙女の魔法バイブル。』より

空気中の二酸化炭素をとりいれ、自らの内側に栄養分を生みだし、外側に酸素を送りだす

『光合成』によって花が自らを育てていくように、乙女の心も『光合成』をすることによって自らを育てているもの。つまりマイナスを吸収し、心の栄養分（プラス）に変え、さらに世の中にとって役に立つものに変えて、その外側へと送りだしているのだ。乙女の心が吸収するマイナスは、決して空気中に漂っているものだけではない。自分自身が生みだしたマイナス……あーあとため息をつきたくなるような失態やミスこそを積極的に吸収し、プラスに変えていくのである。意識しようとしまいと、乙女の心に備わったこの働きが休まることはない。それなら、思わずやっちゃった、思いどおりにできなかった、うまくいかなかったことに対して腹を立てたり、責めたり、後悔したりする必要なんてない！だってそのマイナスはすぐに乙女の心に吸収され、いずれプラスに変わるのだから。だから、そっとしておけばいいのに、忘れちゃったって構わないのに、いつまでもそのことを引きずって、苛立ち、悔やみ、嘆き、罵る……こんなふうに自分に対して良くない思いをずっと抱きつづけていると、心の循環が滞り、マイナスの感情が大渋滞して上手く処理されずにあふれだし、それが自然の力と乙女の絆を傷つけはじめ、そのうち両者のつながりが断たれてしまうのだ。こうなったら、それこそ大問題！だって、『光合成』できなくなっちゃうのだから。そう、乙女の心に備わったこの素晴らしい働きは、自然の力とシッカリつながって大地の上に咲く1輪のお花であるからこそのもの。忘れないで。**自分に向けられるマイナスの感情はどんなものであれ自然の力との**

つながりを弱め、自分に向けられるプラスの感情は自然の力とのつながりを強めるということ。
どうしようもない問題を抱えているときほど、自然の力と強くつながり、『光合成』させていかなくちゃならないのだってこと！泣きたくなるような失態をやらかしてしまったときこそ、自分のことを「仕方ないよね」「だいじょうぶだよ」「いいよ」とやさしく抱きしめてあげなくちゃいけないのだってこと‼そうしてマイナスの感情を自らに向けぬ賢さを持ち、自然の力とのつながりを強めれば光合成は活発になり、どんな大きなマイナスだって、いずれプラスに昇華されてしまうのだから。つまり、不甲斐ない、頼りない、情けない、どうしようもない、全然ダメな自分に対してとるべき行動は、許すことであって、責めることじゃないのだ。呆れかえるほど出来損ないの自分に出逢ったときこそ、それも「そのままの自分」だってやさしく受けいれてあげるのだ。そうすれば自然の力と強く強くつながって、乙女の心は本来の素晴らしい働きをとり戻し、マイナスはプラスへと、すべては幸せへと向かいはじめるのだから！

そもそも、乙女の行為に『マイナス』なんてラベルを貼られるべきものは一つもない。ただマイナスに感じられることがあるだけで！そう、プラスとマイナス、白と黒、良し悪し……こんなふうに二色ではハッキリ分けられない尊い境地に、乙女の行為はすべて存在するもの。その中に無駄なもの、駄目なもの、意味のないものなんて一つもないのだ。一見その行為が良くないものに見えたって、そのマイナスは絶対にわたしたちの心と身体のどこかで必要とされたもの。それによって『光合成』が行われ、どこかにプラスが生まれるために。そう、わたしたちは必要でないことは絶対にしないのだ。必要でないことなんて、絶対にできないのだ！だから、自分のことを責めたりしないで。決して裁いたり、厳しく罰したりしないで!!

だって寝坊する必要があったから、寝坊しただけ。やけ食いする必要があったから、やけ食いしただけ。それは確かに常識的には好ましくない行為だけれど、〝マイナスに感じられる行為〟こそ、自分の理解の及ぶ範囲を越えた尊いものなのだと心得て。その真意が深いところにあるから思考がその素晴らしい理由を捉えられないだけなのだと。**その理由が分からなくたって、それが必要だったということが分かっていればそれでいい。そのマイナスは、どこかにプラスを生みだすために、つまり『光合成』のために必要だったのだと知っていればそれでいい！そうやって決着をつけたなら、もうそれ以上は自分に怒りの刃を向けないで!!**

思いだして。乙女ひとりがここに生きるということは、自然の力との共同作業だということ。日々、何かを想い、煩い、激しい葛藤をくり返すこの心を支えるために必要とされるものの配分は、自然の力のみぞ知るのだ。それは乙女の命が今日もここで元気に生きること、明日も生きつづけることを第一目標として決められるため、ときに「そうすべきこと」の枠からはみ出す規格外な行為が必要になることもある。自分が決めたルール違反だって、しなくちゃならないことがある。なぜならわたしたちは、平気でこの命を「すべきこと」の下敷きにするから。寝不足の日が何日も続いたってまだまだ頑張れと言うし、仕事が終わらなければ食事だって食べるなと言う。だから思いの枠を敢えてはみ出させることで、たとえば3時間居眠りをさせることで、自然の力は、この命を守ってくれるのである。それは一般的に考えれば「ダメなこと」「良くないこと」かもしれないけれど、どんな行為にだって表面からは見えないその奥に、ちゃんと〝個人的な〟理由がある。それが、どうしても必要だった、この命がここで生きていくために必要とした、とても正当な理由が。もちろん、自分にもその理由はわからない。だけど、分からなくたって問題ない！その行為が、どこかで自分の役に立ち、壊れそうだった何かを守り、支え、この命をここでつなぎつづけていくために必要だったことなのだと、そうやって自分のすることひとつひとつを受けいれることができさえすれば。そう、わたしたちはもっと自分という存在をもっと深く尊いものとして見つめ、自然の力と心をひとつにして、自分のことを守らなくては。自分の心を救わなくては。責めたり、怒ったり、裁いたり、罰したりは誰にだってできるけど、自分を助けられるのは世界でたったひとり、この自分しかいないのだから！

天は自らを助くる者を助く。
サミュエル・スマイルズ

だから、胸をはって！今までずっと、ここがダメ、あそこもダメ、またやっちゃった、ああ、やっぱりだめだってこの心が自分にため息をつくのを黙って見過ごしてきたけれど。誰かに裁かれ、出ていけと蹴飛ばされ、廊下にバケツを持ったまま3年半も立たされる…そんな罰を受けるべきものなんて、この心の中にはないのだから。悪いものなんて、汚いものなんて、穢《けが》れたものなんて、醜いものなんて……そんなふうに愚か者の烙印を押され、崖っぷちから突き落とされていいものなんて、この心の中にはたったのひとつたりともないのだから！

だって、すべては「わたし」をはるかに超えている。この心の内にあるもの、この心の外にあるもの、この心が生みだすもの、そのすべては自分をはるかに超えている。それがどんなにちっぽけで、そのくせ生意気で、大丈夫だと胸をはっておきながら、鼻息で吹き飛ばされ、尻もちついてメソメソ泣きだすようなものだって、やっぱりそれは自分自身を超えているのだ。その子はポケットの中にその尊さを隠しているから、ワカラナイだけで。そう、すべては自然の力とともにここに生まれる。自分がするどんな、どんな、どんなことも、自分が見せるどんな、どんな、どんな姿も、自分が話すどんな、どんな、どんな言葉も、自分が抱くどんな、どんな、どんな想いも、自然の力とともにある。だから自分で自分のことを裁いたりしないで。心の中に勝手に境界線を引き、こっちはいいけど、あっちはダメって決めつけて、気に入らないものをあっち側へと追いやって、嘲笑い、見下し、罵り、裁いて、こっち側にいるちょっと利口な自分に乾杯……そんな薄っぺらな人生ゲームはもうやめて。だってそうしている以上、

「そのままの自分」は叩きのめされ、ボロボロになっていくしかないのだから。そうすれば自然の力との絆だって、擦り切れていくしかないのだから。それなら、出口に向かうのだ！

さあ、目には見えない大地の下を想像力で掘り下げて、もっと奥から、ずっと深い部分から、根っこから自分を救い上げて、しっかりと大地に根づく、自然の力とのつながりを含めた「わたし」こそが、本来の自分なのだと受けいれて。自然の力がここにもたらす曖昧さの魔法を、白黒はっきり塗り分けられない部分を、正義の縄ではくくり切れない部分を、善悪のお札では封じられない部分を…そういう自分の思考が及ばない、把握できない、理解できない、すべてを超えた何かきらきらかがやく尊いものが自分の中にあることを、その輝きが心の中のひとつひとつに、ここからあふれだすものひとつひとつにそっと寄りそっていることを信じて。そうやって自分自身に自然の力の〝魔法〟を含ませて。そうすればほら、ほんのすこしだって自分を肯定できるようになる。なんとなくだってここにあるものを受けいれられるようになる。なぜかしら、「そのままの自分」を愛しく思えるようになる。ねえ、そうしていかなくちゃ。わたしたち、そっちに向かって行かなくちゃ。自分を否定し追い詰めて、混沌とした森の中で迷わせ続けるのではなく、なんとしても自分を肯定し明るいほうへと導いて、自分を救いだしてあげなくちゃ。そうしなくては、自然の力との絆は断たれてしまうのだから！

だからいつも心のどこかにおいていて。すべてはわたしたちを超えていること。それがどんなにささやかな物事であれ、そこに秘められた本質は星のように天高く輝き、それをつつみこむのは夜空ほども大きな尊さ。それなのにわたしたち、自分のちっぽけな思考の枠組みの中にそれを無理やり押し込んで、押しこめないのに押し込んで、良いとか悪いとか、正しいとか間違っているとか、鼻高々にそれを裁いてしまうけど。実際に押しこめるのはその3％くらい。収まりきらずにはみだしちゃってる部分のほうが断然大きいのだ。つまり知ったような気になっているだけ、分かったような気になっているだけなのである。だからわたしたちにはこの世界に存在するものを裁くことはできない。それはこのちっぽけな思考の中に収まりきるものではないのだから。すべてはいつだって自然の力とともにあり、深く尊い意味を持ってここに存在しているものなのだから。そう、すべては自分を超えているのだから！その相手が誰かにせよ、何かにせよ、自分自身にせよ、同じこと。その偉大なものを、尊いものを、裁いたり、責めたり、罰したり、批判したり……なんてオカシイのだ。それが持つほんとうの意味は大きすぎてわからないのだから。ワカラナイノダカラ！いい悪いも、正も誤も、善と悪も、幸も不幸も、結局、わたしたちのちっぽけな思考によって決めつけられた枠組みの中で与えられる偽りの名であって、ほんとうの名は、それを飛び越えたところに、美しく、神々しく輝いているもの。だから目を閉じて、その先にある「なにかわからないけどきっといいもの♡」に心を澄ませ、それを感じ、それを強く信じて生きていくこと。これこそ、「そのままの自分」を受けいれるということなのだ。

それは自然の力に抱かれてここに存在する自分を、そうして生かされているこの命を、つまり大地の上で咲く"1輪のお花"としての自分を思いだすこと。自分はこの世界という広大なお花畑の中に咲くたった1本にすぎなくて。自分という存在は、この世界を100％にするための1％にすぎなくて。だから、個人が100％である必要はないのだということに気づくこと。そう、わたしたち、不完全だからつながりあえる。それはこの手に5本の指が備わり凸凹しているからこそ、誰かと手をつなぐことができるように。誰かの凸に触れれば自分が凹を差しだし、自分の凸に誰かが触れれば、すかさず凹を差しだしてくれる。そんなふうに日常の、人生の、運命のありとあらゆる場面で凸凹を組み合わせ、つながりあいながら、補いあいながら、支えあいながら、そうやってこの世界全体を成り立たせているのがわたしたちという存在なのだ。そんな自分を、個人単位で見つめれば凸凹だらけの不完全な存在。だけど全体から見れば、豊かな凸凹がなくてはこの世界は支えられず、それこそが尊く、決して失われてはならぬもの。**つまり、全体にとっては、"そのまま"のわたしたちこそ必要な存在なのである。足りぬところだらけの「そのままの自分」が最も、この世界に必要とされているのである。**そうやって今日も明日も明後日もわたしたちは、この心の中の凸凹は、誰と、何かとつながりあって、この美しい完璧な世界を支えてく。それはわたしたちの気づかないところで！そう考えることで自分のありとあらゆる凸凹に意味を持たせ、それがここに存在することを許せるようになる。これが世界にとって必要なものなら仕方ないねって。そして「そのままの自分」を受けいれられるようになるのだ。

∞この世界の中に生かされているひとつひとつの意味はつながりの中でこそ見出されるもの。そして、その価値は時間をかけてゆるやかに花ひらいていくもの。今、心の中にある黒っぽくてちっちゃな、クズのようなそれは、もしかしたら〝なにかいいもの〟の種かもしれないのだ！　だから何でも早く決めつけないで。いいも悪いも幸も不幸も、その瞬間には決して判断できないものなのだから。だからゆったりとした流れの中で、おおきなつながりの中で、すべてを〝そのまま〟泳がせて。「それもいいよ」と受けいれて。諦めではなく、希望を信じることで、それがいつかきっといいことにつながっていくと信じて。そうやって決めつけないことで、すべてはつながりの中でその存在を輝かせていけるのだから。その意味を花ひらかせていけるのだから。たとえばある日、ここにある悲しみが誰かの心にふと寄りそうことができたなら、そこに幸せが生まれるように。たとえばある日、ここにあるちいさな夢が叶ったら、ずっと消えなかった後悔に王冠が贈られるように。こんなふうに、すべてとのゆるやかなつながりの中で存在する自己を捕えたときに、〝そのまま〟こそが、完全なかたちだったことに気づくのだ。それは、わたしたちがここで生きていくために。そして幸せになるために。だってわたしたちが幸せと呼ぶものは、いつだって、あたたかく、やさしく、やわらかいもの。よりそったり、手をつないだり、抱きしめたり…それはすべてつながりの中にあるもの！だからこそ、わたしたちは「そのままの自分」でいなくては。「そのままの自分」を大切にしなくては。すべてとつながりつづけるために。そして幸せになるために！　**つまり「そのままの自分」こそ、わたしたちがここで100％幸せになるために必要なもののすべてを備えたパーフェクトな形だったのだ。それこそ自然の力からの世界でいちばん素敵な贈りものだったのだ！**それなら「そのままの自分」に乾杯しなくちゃ♡

1輪の花がありとあらゆるものを肥やしにして、その魅力を育てていくように、乙女だってありとあらゆるものを肥やしにして魅力を育てていくもの。ときに雨の中でびしょ濡れになり、ときに風の中でぐらぐら揺らぎ、ときに雷にびくびく怯えながら。それが一見「不幸」とか「不運」に思えても、"自分の魅力を高める"という視点に立てば、それはいいこと。そう、乙女の魅力を育てていくのは決してプラスだけではないのだ。マイナスも同じように、いや、それ以上にわたしたちのことを輝かせてくれるもの。なぜなら乙女の心の『光合成』によってすべてのマイナスはプラスに変わるから。だから、すべての出来事を穏やかなきもちで受けいれて。イヤなこと、落ち込むこと、不満に感じることが起こったとしても、結局これでもっと魅力的になれたのだからイイワ！って。高いお金を出してエステに通うよりお得だワ！って。どこからどう見たってそれが肥やしになるなんて思えなくても、嘆いたりしないで。ほら、実際にお花を育てるときに使う肥やしだって決して見栄えのいいものじゃないでしょ?どうしてこんなものが美しい花を咲かせるのだろう?って不思議に思ってしまうように、美味しい出来事ではなく、辛く、苦しく、嫌な出来事。わたしたちが普段、毛嫌いするそれこそが、乙女の魅力を輝かせていくのだ。だからどんなことだって、拒否しないで。拒否してしまったら、それを肥やしとして自分に与えることができなくなってしまうのだから。拒否するとは、マイナスの感情を爆発させること。怒ったり、泣いたり、嘆いたり、悔しがったり……もちろん一瞬なら構わない。だけどその状態がずっと続けば、せっかくの肥やしは腐り切って使いものにならなくなってしまうのだ。もちろん理不尽なこと、納得いかないこと、たくさんたくさんあるけれど、だけどその理由は問わずに今はただ、穏やかなきもちですべての"そのまま"の姿を受けいれて。そうすることで、すべてを自分の役に立てることができるのだから。さあ気持ちを早めに切りかえて、まあ、いいか！　だって出来事の正体は、その瞬間にはわからないもの。たとえば朝7時のきらきら輝く太陽の下で贈られた出来事と、夜10時の暗闇の中に贈られた出来事は、たとえ同じ出来事だって前者はいいものに、後者はなんだか冴えないものに感じられてしまうように。それに時間が経てば、ミドリがキイロになるという信じられない変化を起こすことだってあるのだから。それは秋になると、木々が青々とした葉を橙色に染めあげるように。そう、すべては時が経たなくちゃ、わからないのである。わからなくていいのである。**どんな出来事だって自分の魅力を育てるための肥やしだということさえ分かっていれば。自分にとって悪いことはひとつも起こらないのだと、そう信じることができていれば！それがいつか「幸福」や「幸運」になってここに届けられることを知っていれば!!**決してぶれないその信念の上を自然の力と手をとりあって、ゆったり穏やかなきもちで歩いていく中で、乙女は魅力を100%開花させることができるのだから。

だから嘆かず、腐らず、いじけずに、すてきな自然の力の"魔法"を信じて、だいじょうぶとほほえんで。巡り巡る季節の中で、必ずすべては最高の幸せにつながっていくのだから♡

5月の風につつまれて　若葉がざわめきだしたなら
心の果てに追いやった忘れられないあの場所で
くりかえされる　やさしいことばを思いだす

だいじょうぶかい？

だいじょうぶだよ　だけど

ねえ　どんなにどんなに背のびをしたって
今でもきっと　わたしはまるごと
だれかのおおきな背中におぶわれて
今でもきっと　このつまさきは
だれかの膝のあたりでぶらぶらゆれて
いつまでたっても　そうして日々をすごしてる

6月の太陽がかくれんぼして
お気に入りの真っ赤な靴を
びしょびしょにぬらすたび
いらだちながらそう思う

周りにオトナと呼ばれるようになってから
なんでも自分でやらなくちゃって

大すきだった 甘くてやわらかなところとか
大すきだった やさしいにおいのするところとか

こんなのいらないって5センチヒールでふみつけて
ひとりきりで泣きごと言わずに歩いていかなくちゃって
気づかぬうちに強がりなんかで心をふさいでいたけれど

ああ　ほんとうは
はなれられないだれかが
いつもわたしの心のそばにいる

ここに生まれたあの日から
泣きやまないわたしのこと

あやしながら　なだめながら　きっと　もうすぐ桜の花が咲くはずだから

だから　もうちょっとだけ

ねぇ　もうちょっとだけがんばろう？
ねぇ　もうちょっとだけがんばろう？

そうして励ましつづけてくれる
だれかが今でもここにいる

わたしと一緒に　ここにいる

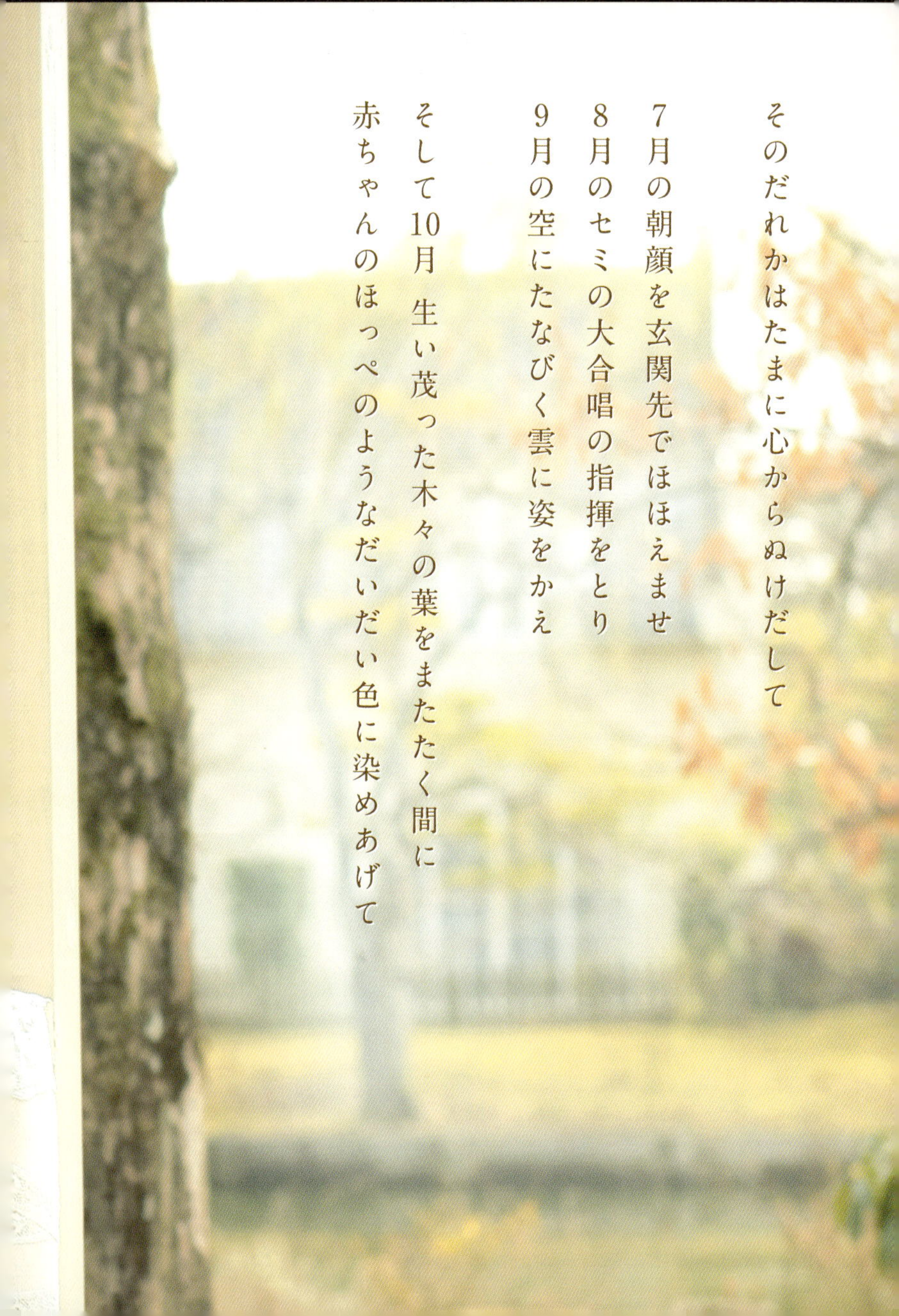

そのだれかはたまに心からぬけだして
7月の朝顔を玄関先でほほえませ
8月のセミの大合唱の指揮をとり
9月の空にたなびく雲に姿をかえ
そして10月　生い茂った木々の葉をまたたく間に
赤ちゃんのほっぺのようなだいだい色に染めあげて

そうやって　魔法のように
365日この世界を彩りつづける
あのやさしいだれかのことを
この心は1日たりとも忘れずに

ありふれた日々の暮らしの中の　ありふれた一瞬
この瞳の中に輝きを差しだす　ひとつひとつに
その中には映らない　だれかの姿を想ってる
思い出のすみっこで　ときに記憶の外側で

とてもやさしい　だれかのことを

そして心は　ありがとうとくりかえす

何度も何度も　くりかえす

だけどある日　わたしはそのだれかに　”神様“　という名をつけた

そのひとは自慢気に
ここにはないすべてを持ち
この心の欲するすべてを備え
わたしのことをすべてから守り
必ず幸せにしてやると胸をはった

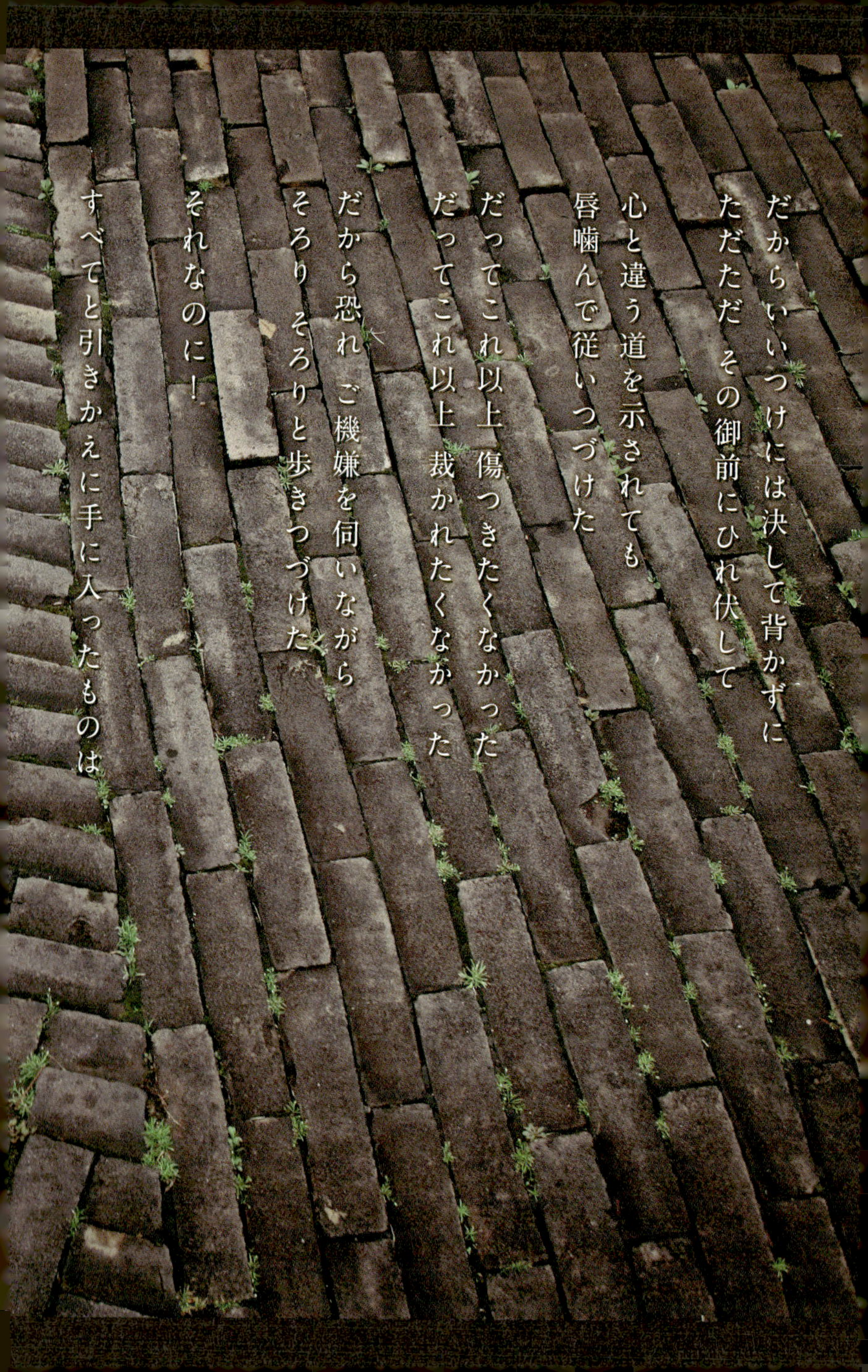

だからいいつけには決して背かずに
ただただ その御前にひれ伏して

心と違う道を示されても
唇噛んで従いつづけた

だってこれ以上 傷つきたくなかった
だってこれ以上 裁かれたくなかった

だから恐れ ご機嫌を伺いながら
そろりそろりと歩きつづけた

それなのに!

すべてと引きかえに手に入ったものは

こんなもの！

丸ごとピンクで染めたって　憧れとは似ても似つかず
皮をどれだけ剥いたって　その中には　なんにもない

ああ　こんなもの!!

焼けこげた願いが　四肢をもがれた夢たちが
冷たく放り出され　ゴロゴロ虚しく転がって

わたしが守ってほしかったものは　羽根を奪われ　突き堕とされた

だから憎んだ　神様という名のだれかのことを
だから恨んだ　神様という名のだれかのことを

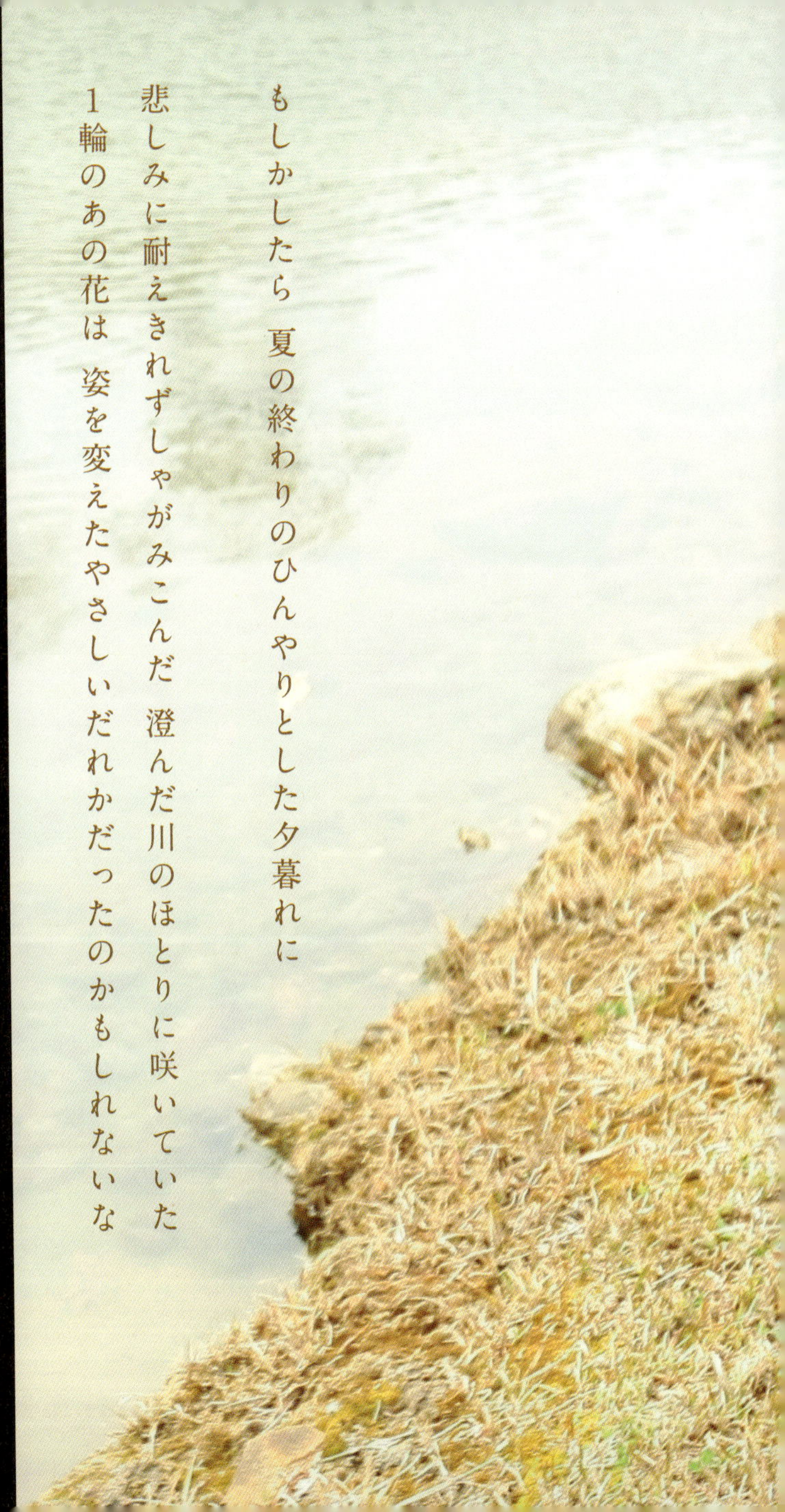

もしかしたら　夏の終わりのひんやりとした夕暮れに
悲しみに耐えきれずしゃがみこんだ　澄んだ川のほとりに咲いていた
1輪のあの花は　姿を変えたやさしいだれかだったのかもしれないな
そうじゃないよとわたしに伝えたかったのかもしれないな

それなのに　わたしは目をそらし　耳をふさいで

怒りを固めた岩の上で座禅をくみ　憎しみを川底へと深く沈めて
自分以上の存在を〝神様〟として祭りあげ　拝み　崇めつづけた

だって　ここから逃げ出したかった　消え去りたかった

歯が立たぬ立派な失望の穴埋めなんか面倒くさくなって
手に負えぬ莫大な悲しみの清算なんて投げだしたくなって

そう　結局は　こんな自分に愛想が尽きて

情けない真実を〝神様〟なんて透きとおった言葉で可愛くくるんで
それにすがりつき　それにおじけづき　そうしてそれにかくまわれ

引きうけるべきものを自分ごと　美しいその手をこじあけ　押しつけた

ああ　自分のことを受けいれられぬ　このカサついた掌が
ああ　自分のことを引きうけられぬ　このへっぴり腰が

そんな自分への罪と罰と計り知れぬ後悔が

自分以外のだれかに自分以上の力を持たせ　現実から逃げ惑う
その靴底にこびりついた恐怖心が高らかに歌い上げた〝神様〟に

いったいなにを救う力があるのだろう

絶望の導火線に火をつけたあの瞬間を　さっさとパンプスに履きかえ
もみ消しちゃってゴミ捨て場をウロウロ探し回る　こんな卑怯な魂に

いったいなにを叶える力があるのだろう

ねえ　わたしは　"神様"　なんかを隠れ家にせずに

この場所で　ふんばらなくては
幸せをあきらめず　闘わなくては

だってわたしはここにいる！　ここにこうして生きている!!

儚げな命の鼓動は　それでも１秒毎に耳元まで運ばれて
頼りない２本の足は　それでも大地をふみしめて立ち

ほら！　ちゃんと見える　ちゃんと聴こえる

誰かと手をつない
だら　あたたかくて
抱きしめられれば　うんとしあわせ

そう　ちゃんと　触れられる

きっと 幸せは瞳に映り 耳に聴こえてここにある
ときに それは肌に触れ 心に響いてここにある

だからわたしはここで幸せになる！

雲の上のだれかに助けてもらわなくとも
光の中のだれかに救ってもらわなくとも

わたしはわたしのこと ここで ちゃんと幸せにできる!!

そう決めちゃって この世界の中にひとつひとつ答えを見つけて
そう決めちゃって この自分のことをいっぽいっぽ好きになって

もう二度と ”神様“ の輝きを乞ったりせずに その影に怯えたりせずに

そう　わたしがこれまでともに歩んできたのは
そして　これからともに歩んでいくのは
今まですべての中に感じてきて
今も　すべての中に感じる

そのひとは
ここから逃げだすためのイイワケじゃなく
ここで生きていくためのチカラでありたい

情けない後ずさりを毎日のようにくりかえす
こんな惨めな自分への癒めなんかじゃなく

ここで闘いぬくための魔法でありたい！

それなら　これからもういちど
〝神様〟にすてきな名前をつけようか

ちゃんとわたしの並びに位置する等しい名前を
ちゃんとわたしの隣によりそうやさしい名前を

たとえばありふれた日々の暮らしの中で
休むことなくわたしを支えてくれている

あたたかいこの「大地」のような

思いだして この心を幸せがそっとやさしくつつむとき
そこから自然とあふれだすチカラは
世界中のなにより美しいということ

思いだして　この心が喜びをぎゅっと強く抱きしめるとき
そこから自然とあふれだすチカラは
世界中のなにより偉大だということ

さあ　心の軸を大地の上に　まっすぐ立てて！

果敢に挑んでいかなくちゃ！

ねえ　花が咲いたよ！

これはなんの予感かな
もうすぐ夢が叶うよって
知らせてくれているのかな？

そうやって　ひとつひとつに　ときめきをかさねながら

そうやって 何度も息つぎをくりかえしながら
いいものは もっと豊かに色づけて
いやなものなら飾りをつけて彩って

今このときが眉間のシワに挟みこまれてしまわぬように
過去が額のニキビみたいに腫れあがってしまわぬように
あの日 海ではしゃいだ未来が希望の浮き輪を失って
諦めの岸に打ちあげられてしまうことのないように

きっと この心を救うのは神様の手じゃなく 自分の手

だから　この手で心の首を締めるのはもうやめて
だから　この手で自分のきもちを殺めるのはもうやめて

だってこの手はここにあるものを守るためにあるのだから
だってこの手はここに生まれたものを育てるためにあるのだから
自分の中にあるイヤなものを根こそぎ引きぬくためではなく
ひとつひとつに肥料をやって美しく咲かせるためにあるのだから！

だから許して

たとえば失望の淵から想像力で夢や希望を
引っぱりだして心を奮い立たせていくような
勝手な手段で命をつなぎつづけるこのズルさを

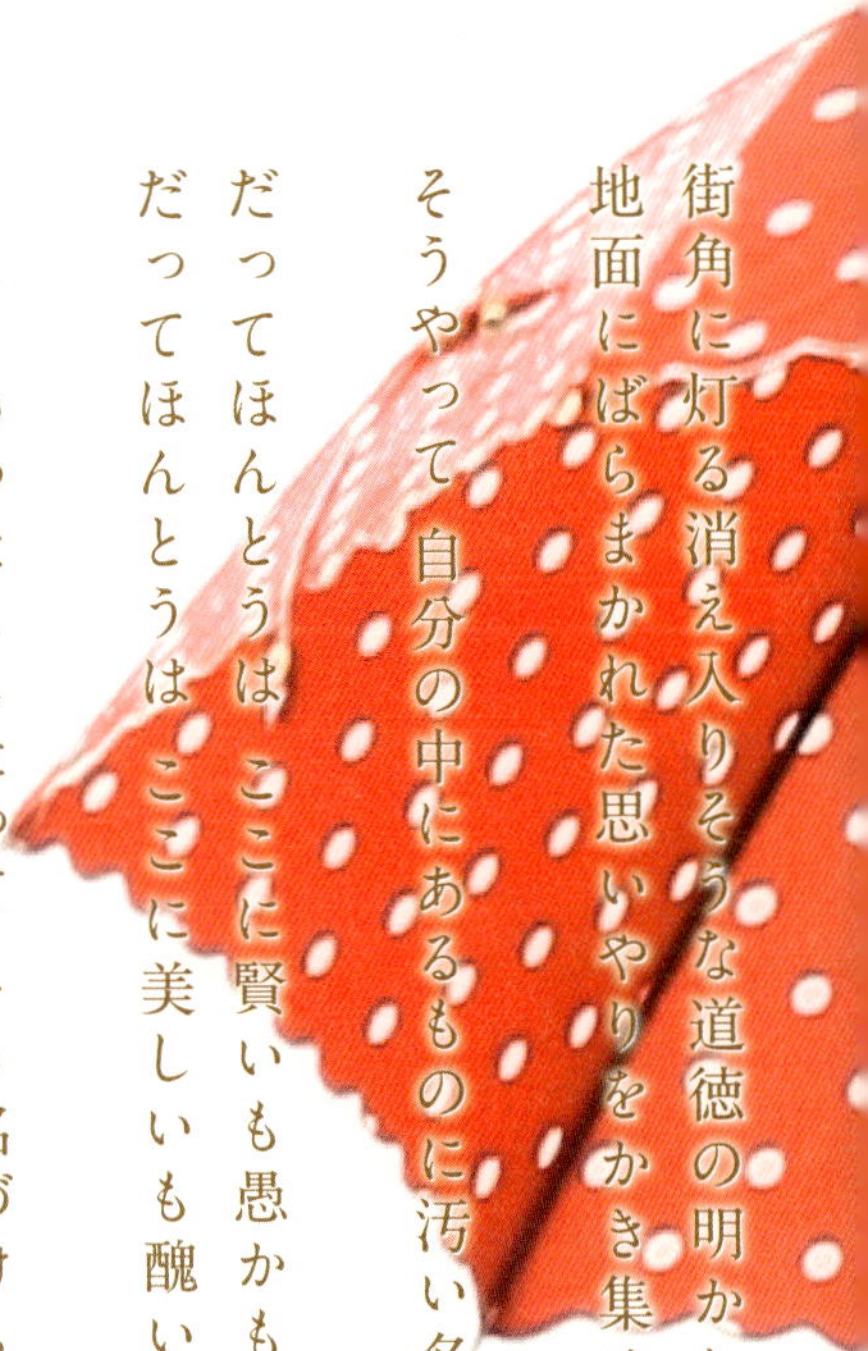

街角に灯る消え入りそうな道徳の明かりに我先にと手をかざすこの愚かさを
地面にばらまかれた思いやりをかき集めポッケいっぱい詰め込むこの醜さを
そうやって自分の中にあるものに汚い名前をつけては罵るこの弱さを

だってほんとうは　ここに賢いも愚かもないはずで
だってほんとうは　ここに美しいも醜いもないはずで
もしもあったとしたって　そう名づけられたものたちを
裁くことなんて　だれにもできるわけないはずで！

なぜなら自分の中にあるものは一つ残らず心を支える柱のひとつ
どう考えたって賢くないものがなくては成り立たぬ
どう見たって美しくないものがなくては成り立たぬ

この心は　きっと　そんなものなのだから

それなら自分の中にあるものすべて
讃え 尊び 喜び 励まし そして 愛して

強く強く信じる勇気で
太鼓判をどーんと押して

さあ 生きてくチカラを贈るんだ！

そうして内から外へとつづいてく
長い通路の両脇に並べて咲かせ
うっとり見惚れてみればいい

その間をドリブルしながら
力いっぱい駆けぬけたなら

毎日の中にいいものを
世界の中にすてきなものを
未来の中にかがやくものを

見つけるチカラは強くなる!!
見いだすチカラは強くなる!!

もしも人生やなことだらけで
ちっともたのしくなくたって

きっと　そんなときこそ

お尻の下に敷きつめられた
不満だらけのブーブーうるさい
赤っ茶けたレンガのような毎日を
チョコレートなんかに見たてていける！

空一面をふくれ面で覆い隠す意地悪な雲だって
ふんわり甘いわたがしなんかに見たてていける!!

そうして笑顔でずっといる❤

ねぇ
こんなの
勝手でしょ？

だけど　それでこの心が息を吹きかえしてくれるなら
それはナイスシュートと拍手を贈られるべき代物で

だって笑顔がここにありさえすれば
それが今日もここにありさえすれば
わたしのこと偶然見かけたあなたは
なんだか幸せなきもちになれるはず

だったらそこに至るまでに企てた素敵な作戦そのすべて
それもあり！　そう言ってあげたい　そう許してあげたい

頭につけた大きなリボンも気どったドレスもいいじゃない？
似合うじゃない❤　そう言ってあげたい　そう許してあげたい

その先にあなたの幸せがあるのなら！

そう！勝ちとるべきは笑顔のゴール♥ただそれだけ

だから ほんのすこしでも
ほほえむことができるなら
ぜんぶこれでいいんだって
ぜんぶこれでよかったって

そうやって　自分の心をあやすことくらい
そろそろ　泣きやませることくらい
もう　ちゃんとできるはず

だって大人になったんだから

もうオトナになったんだから

もしも　わたしが無視すれば
その価値を奪われ　息絶える
もしも　わたしが気にすれば
額縁に入れられ　愛でられる

そんな無力なものたちで
この世界中はあふれてる

もしも　わたしが手を離したら
まっさかさまに不幸の底へと堕ちていく
もしも　わたしが手を握ったら
どこまでも幸せを目指して歩みつづける
そんな行き先を持たぬもので
この世界はどこもかしこもあふれてる

だからどうか見捨てないで　どうかどうか見離さないで

この手で
ひとつひとつに
命を与えて
この心で
ひとつひとつを
輝く未来に
導いて

たとえば今ここにある幸せだけを強く強く見つめていくことで！

そこから瞳をそらさずにいることで

だから　なんでもないようなものこそたいせつにして

どうでもいいようなものほどいつくしんで

だって
日々の中で
贈りつづけた
ちっぽけな愛情が

よりそって
手をとって

そうしてみんなでひとつになって
今度はわたしの心を押して
いつか涙の中で描きつづけた

あの景色の中へとわたしを再び誘って
すべてを現実に変えるチカラを
この心にあふれさせていくのだから

そう！すべてを動かす魔法のチカラはここにある

世界をかがやかせる魔法のチカラはここにある！

ねぇ　悲しくて起き上がれなかったあの朝に
ベランダでなにかを歌ってた
２羽のかわいい小鳥たちは
もしかしたらあなたかな？

ねえ　切なくて寝つけなかったあの夜に
この心を遠慮がちに抱きしめた
おだやかでやさしい月の光は
もしかしたらあなたかな？

だいじょうぶかい？

だいじょうぶだよ！

もう　だいじょうぶだよ

賢い乙女は、スタンダードを"ひとり"に据えてゆらがない！

雲が決して昨日と同じ場所にはないように、この世界にあるありとあらゆるものは、日々好き勝手にゆれ動き、その形を自由気ままにかえていくもの。そんな世界の中で咲く小さな1輪の花である。わたしたちが自分の意思によって動かすことができるのは、自分自身だけ。自分以外のものに何をしたって、それを自分の思いどおりに動かすことはできないのだ。そう、わたしたちはいつだって"ひとり"。自分に対してしか力を持てず、この"ひとり"を何とかすることしかできない、とてもちっぽけな存在なのである。自然の力に与えられたこの『乙女の本質』を受けいれて、"ひとり"の境界線を大切に守り、そこからはみ出さないようにすること。つまり、他者の在り方についてとやかく言うのではなく、自分自身に集中し、この"ひとり"をとにかく良いものに育てていくこと。そうして日々ひたすら自分の心に向き合いつづけること。これが乙女の心の平穏とその安定を守るために、そして大地にしっかりと根を下ろし、自然の力とつながりつづけていくために、とても大切なことなのである。なぜなら**この世界にあるものは、ひとりひとり、ひとつひとつ、独立した音符のようなもの**だから。"ひとり"の境界線を踏み越えて他者に何かしてあげよう、他者から何かをしてもらおうとする＝ひっついてしまうと、相手が好き勝手、上下左右に動くたび、つられてわたしたちの心も上下左右にゆれ動き、そのうち根こそぎ引き抜かれ、大地とのつながりは断たれてしまうのだ！ だからわたしたちはどんなときもしゃんと背筋を伸ばし、ここに〝ひとり〟立っていなくちゃならないのである。たとえばお花畑の中で100本の花がよりそって咲いていたとしても、決してお互いにひっつきあうことはなく、1本1本、独立してそこにあるように。だけど何もせずに放っておけば、不安で、寂しくて、人恋しくて、〝ひとり〟の垣根をふみ倒し、誰かの心にすりよって、そこにひっついてしまおうと目論《もくろ》みだすのが乙女の心。まるでひっつき豆のごとく、ペタペタと！

だからまずは、〝ひとり〟こそ、わたしたちの本来の姿なのだと理解して。自分は〝ひとり〟で、すべての人もまた、ひとり、ひとり独立して存在するものなんだ、それこそが健全な姿なのだと。しびれるほど強く誰かと手をつないでみたって、ぎゅーっと抱きあって24時間離れずにいたって、誰かと付き合ったって、結婚したって、〝ひとり〟という『乙女の本質』は変わらない。そう、わたしたちは生まれてからこの世を去るまでずっと、ひとり。〝ひとり〟の自分に責任を持って生きていかなくちゃならないのだ。そのことを受け入れたところにこそ、乙女の魅力は燦然《さんぜん》と輝き、すべてとの揺るぎないつながりは生まれるもの。なぜなら〝ひとり〟しゃんと背筋をのばしてここに立つことによって、乙女というお花の茎はちゃんと伸びるから。すると、全体の循環が良くなり、根っこのほうも地中深くまでぐんぐん伸び、凛と張られる。もちろん他の人も同じようにして大地に根を下ろしているから、自分の根がたくましくなればなるほど、大地を介してすべてと深くからしっかりとつながりあうことができるのだ。そのつながりは目に見えるものではないからときに不安になったりするけれど、目に見えるものがどんなに変化したって、その絆は決して揺らがず、嵐が来たって絶対にちぎれたりしないもの。それは目に見えるつながりよりも何倍も確かで、その何十倍も力強いもの！　そう、"ひとり"ここに立つわたしたちは、その文字面とは反対に、すべてと最も強力なかたちでつながりあうことができ、どうしたって独りぼっちの寂しい存在なんかにはなれないのだ。つまり、**"ひとり"こそすべてと結ばれた100％の絆の証**なのである！　だから乙女は、いつも"ひとり"で。大地の下で結ばれた目には見えないすべてとの絆を信じて。そうして自分自身の心に向き合ってこそ、寂しさや不安は解消されるのだ。なぜなら、力強く育まれた根によって地中深くから豊かな栄養分が汲み上げられ、それが幸福感や充実感となって乙女の心を満たすから。そう、わたしたちの心が抱える問題を癒すことができるのは、自然の力だけなのである。だから"ひとり"を放棄して、誰かにひっついてはだめ。誰かにひっつければ、お花の茎は倒れてしまう。誰かにもたれかかれば、お花の茎は曲がってしまう。すると循環が滞り大地から栄養分が上手く汲み上げられず、やがてお花は萎れてしまうのだから。

だから自分は自分、他人は他人、スタンダードは"ひとり"に据えて。「自分の面倒は100％自分でみる！」これが基本なのだと心得て。そうすれば、誰かが自分にしてくれることは、それがどんなにささやかなことであっても、とてもスペシャルなこと！そう思うことができ、周囲に対して感謝のきもちが芽生えるもの。周りの人への敬意だって、自ずと心に育つもの。そうすると、わたしたちは"ひとり"を日々の暮らしの中で支えつづけることができるようになる。つまり**周りに対して感じる感謝の気持ち&敬意こそが、乙女の"ひとり"を支える魔法のチカラ**なのだ！だからいつだって"ひとり"の境界線を厳しく見つめて、そこに誰かのやさしさや思いやりが触れたときには、自然と「ありがとう♡」が心に湧き上がってくるような澄んだ心を保って。家族や恋人であっても"ひとり"には踏み込ませず、自分の"ひとり"にも踏み込ませず、適度な距離感を保って、礼儀正しく付き合って。長い付き合いであればあるほど、親しければ親しい人ほど、感謝と敬意をいつも以上に意識して。誰かが自分に何かしてくれたときには、「ありがとう♡」の言葉を忘れないように。その人のいいところを見つけ、「すごいなあ！」と誉めることを怠らないように。こんなふうに安易に馴れ合わず、すべてを当たり前にはしない、厳しい"ひとり"の認識こそが人間関係をプラスの感情で潤わせ、乙女の"ひとり"を支えていくのだ。相手にひっつき、もたれかかって、"ひとり"から逃げようとする自らの心の襟を自らの手で正しながら、周りに感謝のきもちと敬意を持って礼儀正しく向き合おう、向き合いつづけようとする日々の心がけこそが、乙女の"ひとり"を守りぬくのだ！

簡潔に言えば、周りに対して感謝や敬意などプラスの感情を感じられるときはちゃんと"ひとり"を守ってここに立つことができてるのだってこと。反対に周りに対して苛立ちや不満などマイナスな感情が募るときは、気づかないうちにひっつきはじめているという警告なのである。特に、ひっつきかけている誰かとの間では、「ありがとう♥」&「すごいなあ！」が極端に少なくなる。なぜなら心と心がひっつきかけると、その人が自分の一部のように感じられてしまうから。ここにいてくれて、何かをしてくれて、思いどおりに動いてくれて、当たり前になってしまうのだ。だから思いどおりにならなければ、イライラしちゃう！だけどひっついていなければ、相手を自分とは違う独立した〝ひとり〟として認識することができるから、どんな小さな行為にだって「ありがとう♥」「すごいなあ！」がちゃんと心に湧きあがってくる。たとえ望みどおりに動いてくれなくたって、仕方ないと許せるもの。つまり、相手に対して感じる「ありがとう♥」&「すごいなあ！」の量こそ、〝乙女のひっつき度〟を測るバロメーターなのだ。それが少なければ少ないほど、相手に心をひっつけちゃっているってことなのである。

さあ、自分の周りを見渡して。特に、自分にとって身近な存在……家族、彼氏、仕事仲間、親友は要チェック。その中で、極端に「ありがとう♥」「すごいなあ！」が少ないと感じる人がいたら、要注意！そのまま放っておくと、お互いの心はべったりひっつき合ってしまうから。もしも危険な状態なら、すぐに離れて。それは「ありがとう♥」&「すごいなあ！」を増量することで。言葉にするのが照れくさいのなら、心の中で「ありがとう♥」「すごいなあ！」を感じてみるだけで、十分。相手に対して感謝と敬意をたくさん感じれば感じるほど、ひっつきは解消され、〝ひとり〟ちゃんと立つことができるようになる。だから、どんな人に対しても

「ありがとう♡」&「すごいなあ!」の姿勢で向き合って。相手が小さな子どもでも、厳しい上司でも、仲良しの同僚でも、気心知れた家族でも、どんな人にも等しく感謝のきもちと敬意を持って接することを心がけて。こんなふうに日々の暮らしの中のささいな一瞬を丁寧にくり返すことで、乙女の〝ひとり〟は支えられ、誰にもひっつかない力強さが心に備わるのだ。

✿1輪のお花がその茎をすっくと大地の上に立てて伸びていくように、わたしたちは決して誰かにもたれかからなくては生きていけないような、よわっちい存在じゃないのである。誰が手を握っていてくれなくたって、誰が抱きしめていてくれなくたって、誰がそばにいてくれなくたって、大地の下で根っこを介してすべてとつながっていることを思えば、寂しくなんてない。それに〝ひとり〟ちゃんとここに立つことで、乙女の根っこはたくましく育ち、より深くからすべてとつながれるのだから、孤独でもない。そうしてより強く、自然の力と結びつくことができるようになるのだから、不安だなんてありえない。そう、〝ひとり〟を受けいれてこそ、抜群の安定感が乙女の心にもたらされるのだ。それならわたしたち〝ひとり〟でいいじゃない!「自然の力が守ってくれてるから、絶対にだいじょうぶ♡」って安心して生きていけるじゃない‼ **誰かに意見を求めるのではなく、誰かの指図に従うのではなく、誰かの賢さに頼るのではなく、誰かの優しさに甘えるのではなく、誰かの声に導かれるのではなく、自分の心に響いてくることこそを、道しるべにして。答えは常に自分の心に求めて。**

自分の心に基づいて、自分で選び、自分で決める！そう、自分自身に100％の信頼を置き、ここに"ひとり"しゃんと立つ！"ひとり"をちゃんと支えつづける!!この乙女の決意こそが、自然の力を本気にさせるのだ！そうすると日々、びっくりするようなタイミングのいいことが届くようになる。まるで世界中が自分の味方になったかのようにすべてがスムーズに運びはじめ、危険からは自ずと守られ、ときに乙女の存在を祝福してくれているかのようなとびきりの幸運に恵まれ、乙女のがんばりを讃えてくれるような素晴らしい奇跡が訪れ、ああ、自分を超えた大きな自然の力に守られているなあ、支えられているんだなあと感じられるような出来事がたくさん起こるようになる。そうすれば、自然の力がたとえ目には見えないものだって、確かに存在するのだと心は納得してくれるはず。この実感が自然の力と乙女の絆をますます揺るぎなく確かなものにする。そうして乙女はますます力強く"ひとり"この大地の上に立ち、日々幸せに暮らしていけるようになる。これが、乙女の"ひとり"の支えかた。それは信頼という絆で自然の力と結ばれるということに他ならない。自然の力を頼りにし、それに導かれるということに他ならない！乙女が信頼を寄せたぶんだけ、頼りにしたぶんだけ、自然の力は乙女を愛してくれるもの。だから勇気をだして、ずっと頼りにしていた誰かから、長いことしがみついていた何かから思い切って離れてみよう。自然の力への信頼を胸に自分を羽ばたかせてみよう。恐る恐る小指の先だけ離してお伺いを立てるんじゃなく、体まるごと、心まるごと潔く自然の力に抱きしめられ、愛されひとつになって、そうして"ひとり"で生きてみよう！

自分というものを持って固く自立している人には宇宙もまたその味方をして立つ。　エマーソン

先ほど、この世界にあるものはひとつひとつ独立した〝音符〟のようなものだと言ったけど、乙女の心もそのひとつ。わたしたちの心は日々の暮らしの中で絶えず、自然の力がつくった譜面に従ってそれぞれのリズムを奏で、それぞれの音色を響かせているのだ。それぞれの乙女の心はそれぞれに異なったパートを受け持っているから、重なり合い、響き合い、全体として美しいハーモニーが誕生する。この世界はいつの日もそのやさしい音色につつみこまれているのだ。それはまるで、オーケストラのように！　全体の指揮をとっているのは、言わずもがな、自然の力。それだけじゃない。ひとりひとりの乙女が受け持つパートを決めたのだって、自然の力。美しいハーモニーが絶え間なく響きつづけるよう、ときに指導をするのだって、自然の力。そう！　わたしたち、『自然の力器楽団』の一員なのである。そんなわたしたちがまずすべきことは、**自分に与えられた場所に立ち、自分に与えられたパートをしっかりと奏でること！** それは、いつの日も心から幸福感が消えぬよう、自分自身に集中していること。何かが欲しかったら自分で自分に買い与え、食べたいものがあれば自分で自分に食べさせて、誰かに何かを求めずにここにいられるようになるということ。周囲に不満を抱かずに、ここにいられるようになるということ。そんな満ち足りた〝ひとり〟になるということ！　それは、

各々が各々の責任において。だから自分のことは自分で幸せにし、もしも自分が幸せじゃないのなら自分で自分のことを助けなくてはいけないのだ。誰かを頼って、何とかしてもらおうとしたって、うまくいかない。なぜならその人もまた、自分のパートを懸命に演奏しなくてはならないから。つまり助けたくないのではなく、助けられないのである。自然の力が指揮棒を握っている限り、自分のパートを疎かにし、その音色を濁らせ、全体の調和を乱すことは決して許されないこと。そう、わたしたちはそれぞれに、自分に与えられた場所で、自分のことに集中しなくてはならないのだ。だから誰かが求めたことをしてくれなかったとしても、その人のことを恨んだり、憎んだり、そのことを悲しく思ったりしないで。だってその人は「そうしたくない」のではなく、「そうできない」のだから。あなたがどうでもいいからそうしないのではないのだ。**自分に対する誰かの言動の陰には常に自然の力が働いているのだということを忘れないで。『誰かの言動＝自然の力の魔法』なのだと考えて、その言動の先に個人の意志を超えた尊さを見出して。自然の力が、その助けは必要ないと、自分にそれを補えるチカラがちゃんとあることを教えてくれたのだと考えて。「誰かがしてくれなかったことは、全部自分でできること♪自分でしたほうがうまくいくこと♫」そう心を切り替えて、自分で自分に手を差しのべて。そうして自分で自分を幸せに連れていこう！**こんなふうに自分に向けられる他人の行為の奥に尊さを見出し、自分自身の在り方を高めようとするとき、この心が奏でる音色は一段と澄み渡り、美しく響くようになる。だから、自然の力器楽団の乙女規約その①は『自分のことに夢中になること♡』これを守ることで、自然の力と乙女の絆はぐんと深まる。えっ？ そんなの自己中だって⁉ そんなことはない。なぜなら、自然の力が乙女のためにつくった譜面にかかれているのは〝幸せのメロディー〟だから。やさしくて、やわらかくて、誰もが幸せなきもちになれるメロディーだから！ それぞれにしっかりと幸せの音色を奏で、自分に与えられたパートをちゃんと演奏することで、この世界をつつみこみ、全体を幸せに向かわせていくことができるのだから。

これを踏まえて、『誰かのことはほおっておくべし♡』これが、自然の力器楽団の乙女規約その②。なぜならわたしたちひとりひとりに与えられたパートはひとつひとつ異なる〝その人にしかできない〟ものだから。誰も誰かの代わりをすることはできないし、万が一その人が持ち場を離れてしまえば、全体の調和は保たれなくなってしまうのである。だから、個人的な感情で誰かを思いどおりに動かそうとしてはいけない。たとえそれが家族であっても。そう、わたしたちひとりひとりに与えられた役割は、世界でたったひとつだけのかけがえのないもの。それは自然の力によって与えられたものなのだから、誰かの心の中に踏み込み、それをコントロールしようとすることは自然の力を無視する行為。つまり自然の力から嫌われてしまう行為なのだ。だからわたしたちは誰かのことを、その思いを、行動を、考えを、言葉を、そのすべてをもっと大切にしなくては。そこに不用意に立ち入らぬようにしなくては。どんなことだって自然の力の指導のもとにあり、それは表には現れない深い意味を（特にその人が成長するという点において）秘めているものなのだから。忘れないで。その人の意志に基づいて自由に行動させるところに個人の最も豊かな成長はあるのだということ。たとえこうしたほうがいいと感じることがあっても、それに従わせることが、自己満足の域を超えることは少なく、一時的なその場凌《しの》ぎにはなっても、長い目で見てその人の幸せにつながっていくとは限らないのだということ。自分で決めたことに基づいて行動して得られる学びや発見、成長する実感を味わってこそ人は幸せになれるもの。だから相手の幸せを願うのなら、ともに幸せでありたいと願うなら、決してその人を思いどおりに動かそうとはしないこと。思いのままにさせておくこと。それは、相手を尊ぶということ。そうすれば、その向こうにいる自然の力にも自ずと感謝と敬意が伝わって、自然の力と乙女との絆は揺るぎないものになるのだから。

∞そう、わたしたちはとにかく、自分に与えられた役割をきっちり果たしていかなくては！隣の人のことをあまり気にせず、この心が奏でる音色が日に日に高まっていくように。そんな乙女の後ろ姿を見て、周りの人は己の背筋を正すもの。それに憧れ、自らの在り方を見つめ直すもの。つまり誰かを変える最も効果的な方法は、自分の音色を高め上げ、うっとりと響かせることしかないのである。前ではなく後ろ姿で、そこからあふれだす響きで〝魅せる〟ことしかないのである！ひとりの乙女が奏でる音が、幸福感に満ちた、あたたかく、やわらかいものだったら、その周囲の人だって、自分もそうなりたい！と自らの意志を奮い立たせ、行動を起こすもの。そう、自分さえちゃんとしていれば、与えられた役割をベストを尽くして挑んでいれば、周囲は自ずと良いほうへ変化するのである。思いどおりに動かそうなんてしなくても。そう、**乙女の心からあふれだす澄んだ美しい音色は周囲を変え、世界を変える〝魔法〟なのだ！**

だから賢い乙女はたとえ隣の人が調子っぱずれな音を奏でていたとしても、そっとしておくもの。「あなたのリズムおかしいんじゃない？」なんてその人のしていることにうるさく口出ししたり、「もっと音量、あげれば？」なんておせっかいを焼いたりしない。だってその人は、わたしたちがそうであるように、自然の力の指導のもと、懸命に自分に与えられたパートを奏でているのだから。その間違いを正すのはわたしたちではなく、自然の力。その領域にずかずかと踏み込み、他人にアドバイスなんてしちゃうのは、実は、自然の力に・・・対してとても失礼な行為なのだ。そんなことしている暇があるなら「自分のことちゃんとすれば？」なんて言われてしまうのです！だから、他人に対して口うるさくしないこと。他人のすることに対して、とやかく言わないこと。そして他人の間違いを正そうとしないこと。だって誰かの背筋を正すのは、自然の力の役割。「わたしがいなくちゃ、どうなっちゃうかわからない……」なんて心配しなくても、その人にはちゃんと自然の力がついているのだからだいじょうぶ！だから自分以外の人のことは基本的に、放っておけば、自由にしておけば、好きにさせておけば、いいのである。自然の力にすべて任せて！こんなふうに**手放し**

で相手を見守れる心の余裕＝距離を誰との間にも保つこと！これこそ、"ひとり"を守るということなのだ。それは相手の心に非難や批判という武器を持って踏み込まないこと。その考えを、その意思を、その行動を、尊重し、好きにさせておくということ。そのままにしておくということ！だってわたしたち、日々の暮らしの中で誰もが自然の力とマンツーマンのレッスン中。その関係に割って入るなんて無粋なこと、すてきな乙女の趣味じゃあないのだから。第一、そんなことしてる暇なんて、ないのだから！そう、わたしたちがなんとかできるのは、このちっぽけな"ひとり"の自分だけ。だから"ひとり"を大切に、"ひとり"に集中し、誰かとではなくちゃんと自然の力と向き合って。とにかく自分の心が奏でる音色を美しく、やわらかく、やさしく高めていかなくちゃ！誰もがうっとり聴き惚れてしまうくらいに♫

誰かに対して感じる苛立ちや文句、不満などのマイナスの感情は、感謝と敬意の不足を知らせる「引っつきサイン」！それを感じたら、引っつきそうになっている自らの心を見つめ直し、そのマイナスを自分で昇華しようと努めることこそ乙女の正解＝幸せへの近道。マイナスの感情の矛先を他人に向けて、非難したり、批判したり、怒りをぶつけたりするのは、自らを率先して不幸に導くようなものなのである。明らかに気分を害されるようなことがあったときだって、マイナスの感情を相手に向かって投げつければ、投げ返され、それはお互いの心の間をフルスピードで行き来し、水あめのようにべっとり練られ、ますますそのひっつきを強めてしまうだけ。

そうして自然の力とのつながりを危機に陥れるのだから……いいことなんて、ひとつもないのだ。

そう、相手に投げつけたマイナスの感情は、わたしたちが意図したように働かない。それは相手の心の奥深くには向かわずに、くるりと向きを変え、わたしたちのほうへと戻ってくるのだ！ しかも、仲間を大勢引き連れて。つまり、わたしたちは相手に投げつけた1のマイナスで自分自身を10も20も傷つけ、苦しめ、悲しませるのである。そんなの、ありえないでしょ？ それなら自分の外側にマイナスの感情の矛先を向けるのは、もうやめて。自分のことをこれ以上傷つけないために。そして、できるだけいいものを、あたたかく、やさしく、やわらかい、すてきなものを自分の心の中からひっぱりだして、それを周囲へと向かわせるのだ。そうすれば、そのプラスは、何倍も豊かなものになって、自分のところに帰ってくるのだから。だから、**誰かとの間には、自然の力という透明なフィルターを挟んでおくこと！** つまり、誰かの向こうに自然の力の存在を讃え、すべての出来事の原因を自らの内側に求める姿勢をもつことが大切なのだ。人の言葉、行為のひとつひとつは自然の力がそうさせていることであり、自分への何か尊いメッセージが秘められているのだと理解して、誰かを責めたり、怒ったり、非難したりするのではなく、マイナスに傾きかかった自分の心をプラスに調えること！ そうやって自分の周りで起こるすべての出来事に尊さを見出し、その矛先はいつも自分自身に向け、自らの背筋を正すようにすることで、わたしたちは自分の心が奏でる音色を日に日に高め上げることができるのだから。こんなふうにして自分の内側にすべてをきちんと収め、周囲にマイナスを投げつけないようにすれば、べっとりと練られた水あめは溶け、ふんわりとした甘いわたあめのような関係が生まれる。その中にいてこそ、乙女はいつも幸せの音色を奏で自分の役割をきちんと果たしていけるのだ。だからできるだけ、自分の外にはプラスを出すように心がけて。**プラスの感情をキャッチボールしながら紡ぎあげたやわらかな愛にあふれた絆を周りの人と結びあってこそ、乙女の"ひとり"は守られ、日々の中で絶え間なく自然の力とつながりつづけていけるのだから。**それゆえ『だすものはいいもの限定♥』乙女規約その③は、すこぶる重要なのである。

確実に幸福になるただ一つの道は人を愛することだ。 トルストイ

つまり、自分に集中しろってことなのだ。誰かに対して怒ったり、文句を言ったり、責めたり、それを正そうとしたりするエネルギーを100%自分のためにつかってあげてってことなのだ！自分の心の中に生まれる感情はすべて、自分に対する自然の力からのメッセージなのだと心得て。それを受けとったら、どうしたら自分の役に立つのかを考えるべきであって、他人にそれを投げつけて片付けるなんて安易な方法に逃げてはだめ。その感情を心に湧き上がらせることによって、自然の力は自分に何を伝えたかったんだろう？って、そんなふうに考えて。そうやって日々を暮らしていくことこそ、自然の力の指導を受けるということ。それを素直に聞き入れる

ことで、わたしたちの心が奏でる音色は、これ以上はないというくらい美しいものになっていく。

だから自分の心のマイナスを埋めるために、誰かに頼ったり、求めたり、すがりついたりしないで。怒りであれ、悲しみであれ、苦しみであれ、虚しさであれ、寂しさであれ、自分の心に生じるマイナスの感情の原因は自らに帰し、それをプラスに変えるチカラを見出さなくては！だって、誰も、誰も、誰も、誰かの悲しみを癒すためにはいない。**わたしたちはそれぞれに与えられた場所で幸せの音色を奏で、この世界をつつみこむ幸せのメロディーを構成するちいさな音符のひとつとして働き、すべてを幸せに導くためにここにいるのだ！**

だから自分で自分を満たして。自分で自分を癒して。自分で自分を幸せにして。外側ではなく内側を、誰かのほうでなく自分のほうを、いつもいつも向いていて。自分自身をたのしみ、自分の人生をたのしみ、毎日をたのしく暮らすことに夢中になって。自分以外の人は「好きにして♡」って放っておけるくらいに！自分から目を離さず、いつもちゃんとこの心を見つめていて。どうしようもないそのマイナスの感情の矛先を、自分以外の誰かに向けて、「幸せにして！」「満たして！」なんて求める惨めな自分には手をふって。そう、わたしたち〝ひとり〟だって、だいじょうぶ！だって自分の心を100％満たす素晴らしいチカラは、自然の力が与えてくれるのだから。そう強く信じることで、そうやって〝ひとり〟ここにしゃんと立つことで、素晴らしい〝魔法のチカラ〟は根からどんどん汲み上げられてくるのだから！

忘れないで。どれほど手に負えないマイナスの感情だって、自然の力とのつながりを強め大地から豊かな栄養分を汲み上げることによって、プラスに昇華され、幸せに向かうチカラに変わるのだということ。だからどうしようもなく悲しく、涙が止まらず、おまけに鼻水まで垂れてきちゃったって、誰かにひっつこうとなんてせず、そんなときこそわたしたちは〝ひとり〟、凛とここに立ち、〝ひとり〟を支え、〝ひとり〟を守りつづけていかなくてはならないのである。そうして〝誰か〟ではなく、自然の力に助けを求めるのだ。心にマイナスの感情があふれだしてしまうときこそ背筋を伸ばし、「自然の力がついてるからだいじょうぶ♡」と強く信じてそのつながりを強めることを目指すのだ！そうすれば根っこからどんどん栄養分が汲み上げられてきて、どんな大きな悲しみだって昇華されプラスへと変わり、豊かな幸せの音色を奏でるチカラになるのだから！そう、すべてのマイナスは自然の力との絆によってこそ、救われるのだ。

だからここでもう一度、〝ひとり〟の意識を強く持ち直そう！たとえば、空で太陽が輝く晴れの日に地面に映しだされる自分の影を思い浮かべて。それはぴったりと身体に沿っていて、虫1匹だって挟みこまれる隙間はないはず！緩《ゆる》みのない、弛《たる》みのない、これこそ乙女が守るべき〝ひとり〟の輪郭。この〝ひとり〟を自分でちゃんと守りぬかなくてはならないのだ。そのために〝ひとり〟の輪郭を意識して、その中に入って来るものを厳選して。プラス（自分にいい影響を与えてくれるもの）しか入れないぞと決意して！五感のアンテナを研ぎ澄ませ、幸せなきもちになるもの、心地良くなれるもの、安らげるもの、心ときめくものにできるだけたくさん触れ、それを感じ、味わい、眺めながら生きていくのだ。"ひとり"の輪郭をお菓子の箱に見立て、その中にぎっしり甘い幸せを敷き詰めていくかのように！

そうよ、乙女の"ひとり"はプラスの発着点！ そういうきもちで日々を暮らし、プラスの循環の中で自分を育てて。"ひとり"の輪郭の中にはいかなるマイナスも入りこませない、力強いプラスの姿勢を貫いて！「アイムベリーハッピー♥」いつだって、そう言えるように。胸をはって、そう言えるように‼そうすると乙女の心の中には豊かなエネルギーが満ち満ちて、それは大地から絶え間なく栄養分を汲み上げるチカラへと変化し、マイナスの感情はどんどん昇華されていく。どうしようもなかったものたちすべてが一気に姿を消してしまう！それはまるで日が昇るあの瞬間のように‼だからいつの日も"ひとり"の輪郭を厳しく司り、肯定的なものを見つめ、それに親しみ、たっぷりの愛と幸福で潤った大地の上に自らを根づかせ、1輪の花として"ひとり"この世界の中で自分の命を美しく咲かせていこう。そうしてはじめて、周りの人を支えられるようになるのだから。それは、わたしたちが道端に咲く1輪の花を見かけたときに、なぜだろう、この背をそっとおされたきもちになるように。

潔くひとり立つものだけが、誰かを支える杖となりうる。

『乙女の魔法バイブル。』より

乙女がその〝ひっつき本能〟を発揮してしまうのは、特に恋愛関係において。大すきな彼がいれば、さっき覚え込ませたばかりの〝ひとり〟の輪郭なんか知らないふりして、彼に一日中ぺったりとひっつきたくなるのも分かるけど、ちょっとこらえて！　だって、そうやって彼にひっつきつづけてしまったら、彼の心は乙女からどんどん離れてしまうのだから。

実は、恋のはじまりには必ず、彼の心に乙女を愛おしく思うきもちが「ちいさな芽」となって顔をだすもの。それがたくましく育てば育つほど、彼の乙女に対する愛情は力強く揺るぎないものになっていく。そうすれば乙女の心は深くから満たされ、ゆりかごの中にいたときのような安心感につつまれて、いつの日も幸せに暮らせるようになる。つまり、乙女の幸せな恋を叶えるコツは、彼の心に芽生えた「恋の芽」を育ててあげることなのだ。

それを育てる上で、必ず押さえておかなくてはならない重要なポイントがある。それは、**『恋の芽を育てることができるのは自然の力だけ！』**だということ。つまりわたしたちがすべきことは、自然の力がそれを育てやすいよう「ベストな環境」を調えることなのだ。じゃあ、ベストな環境って何なのか？　それを表した図式がコチラ。〝ひとり〟＋〝ひとり〟これは、それぞれが大地にしっかり根づく独立した関係でいるということを意味している。つまり、べったりひっつかず、その間に適度な距離があることが大切なのだ。なぜなら、その「隙間」にこそ自然の力は流れ込み、恋の芽を育てていくから。もしひっつきあってしまったら、ふたりの間に自然の力が入り込む余地はなく、もちろん恋の芽は育たずに、萎れてしまう、すると彼の乙女を愛おしく思うきもちも萎れ、彼の心はどんどん乙女から離れていく……そんなの絶対絶対絶対イヤ！なら絶対に、彼にひっつかないこと。枕元のクマのぬいぐるみにしがみついてでも、ここに踏みとどまり、〝ひとり〟を守りぬくのだ！

忘れないで。**夢だって恋だって、すべてをうまくいかせる鍵を握るのは自然の力なのだということ！**自分のチカラでうまくいかせようと必死になって、なぜだかちっともうまくいかないのなら、その原因は彼にひっついて、自然の力をシャットアウトしている自分の心にあるのだということ。特に彼との関係において苦しくなる、不安になる、憂鬱になる、落ち込む、怒りを感じる、落ち着かない……などマイナス感情に苛まれることが多いなら、それは、気づかないうちに彼にひっついちゃっているというお知らせ！さあ、今こそ襟を正して〝ひとり〟立ち、自然の力の助けを借りて、最高に幸せな恋へとテイクオフ♡

◇恋において乙女を「ひっつき」から救い、〝ひとり〟ここに立たせてくれるのは、『自信』！これは、自分の持つ〝幸せのチカラ〟に対する確信のこと。「わたしは自分で自分のことを幸せにできる！」「だから絶対にだいじょうぶ♡」という安心感のこと。これは、乙女なら誰でも手に入れることができるもの。だってこの『自信』は、日々の暮らしの中で自分を幸せにしようとする努力が乙女の心の中に培うものだから。自分で自分をしっかり幸せに支えていこうという意志が育てるものだから。スタンダードを〝ひとり〟に据えて揺らがずに、果敢に幸せへの挑戦をくり返す乙女の心に授けられる、『自信』という名の勲章だから！

そう、誰かに幸せを求めず、だけど決して幸せを諦めず、自分で自分を幸せにする日々のちいさな努力を怠らず、そんな中で努力が報われ幸福を感じる瞬間が訪れるたび、「自分で自分を幸せにできる♡」喜びが積み重なって、そうして幸せな恋を制する『自信』は、乙女の心の中に生まれるもの。この自信を心に備えることで、彼にひっつきかけていた心を離し、"ひとり"立つことができるようになる。乙女が立てば、彼も立ち、"ひとり"＋"ひとり"のベストな環境の中で付き合えるようになる。すると自然の力がその「隙間」に流れ込み、雑草（問題）があればすべて取り除き、恋の芽をすくすく育ててくれるのだ！

♡だから恋をうまくいかせたいのなら彼の心をねちねち見つめるのではなく、自分の心をまっすぐ見つめること。そしてお料理教室に通ったり、せっせと彼好みの服を買ったり、男性の心を虜にするテク10箇条を暗記したり……と恋に対してアプローチするのではなく、人生全般に対してアプローチすること！特に恋とは関係のない分野、趣味や仕事や日々の暮らしの細部にまで熱心に向き合い、幸せになる努力を、自分で自分を幸せにする努力を怠らないこと。恋以外の楽しみを持ち、彼以外の生きがいを持ち、自分自身に夢をみて。自分の中にやさしさ、やわらかさ、まっすぐさ、穏やかさ、勇気、愛情、強さ、明るさ、あたたかさ……いいものをたくさんたくさん見出して。それをかき集めて夢が叶う可能性を引っぱりだして、未来に希望を抱き、遥か彼方の憧れにだって臆せず心ときめかせて。自分を見つめる肯定的な眼差しで不安の曇り空をつきぬけて、このちっぽけな"ひとり"をプラスでいっぱいに満たし、太陽のように眩くきらきら輝かせるのだ。その輝きは乙女の後姿からこそあふれだし、彼の心を魅了する。そう、彼を虜にするのは、乙女の後ろ姿。なぜならそこからあふれだすものは、念入りなメイクや華やかなファッションでごまかせない、純度100％のものだから。その澄んだ輝きこそが、彼の瞳を釘づけにするのだ。毛穴をひとつ残らずファンデーションで隠したって無駄だとは言わないけれど、どんなに熱心に表面を取り繕ったって、彼の心は奪えない。表面を覆ったもので動かすことができるのは、それと同質の、彼の心の表面を覆う性欲やエゴだけ。そんなものいくら動かしたって、深い部分には決して辿り着くことはできない。そんなの嫌でしょ？そう、乙女は彼に心の底から愛され、大切にされたいと願っているもの。抱きしめられたいのは、彼の心の中の深く、あたたかい部分なのだ。それならやっぱり表面上の装いや、外見に備えたもので勝負しようとするのではなく、日々の中で〝ひとり〟と誠実に向き合いつづけ、幸せに生きていく…そんな地味な毎日のくりかえしが乙女の心に輝かせる『自信』で勝負♥そうしてこそ、乙女の心が芯から幸せで満たされ安心感につつまれる、最高に幸せな恋は叶うのだ。

だから彼からほんものの愛情を誘いだしたければ、マイナスではなくプラスに基づいた誘惑をしなくては。満たされないから、不幸だから、辛いから、満たして！与えて！幸せにして！ではなく、十分に満ちていて、ひとりでも幸せで、きらきらと輝いて……こんなわたしは素敵でしょ？だから好きになっちゃうでしょ？って。追いかけるなら彼ではなく、アッパーな『自信』を自分の心の中に追いかけて。それは日々の暮らしの中でささやかな幸せの瞬間を勝ちとりつづけることで。そうしてわたしにはこんなに素晴らしい〝幸せのチカラ〟があるのだと、自分自身に伝えつづけることをやめないことで。**ただひたすらの「くりかえし」こそが彼の心を惹きつけてやまない極上の『自信』を乙女の心に築きあげるのだから！**

だからパーフェクトな彼ができたからって、浮かれてすべてを放り出し、相手に幸せを求めてしな垂れかかる柳のようにはならないで。いつも大地の上に背筋を伸ばして〝ひとり〟立つ、美しい1輪の花でいて。だって、彼がいたっていなくたって、乙女は〝ひとり〟。その本質が変わることはないのだから。周りの環境がどう変化しようとこの手に託された「自分で自分を幸せにする責任」が消えることはないのだから。そう、乙女の恋は、不幸の肩代わりに非ず！こんな自分が手に負えず、満たされない心がどうにもならず、辛くて、苦しくて、悲しくて、虚しくて…そんな感情に真面目に付き合うのが面倒くさくなって、だからこの際、ここにあるマイナス全部、彼に背負ってもらえばいいや！なんて『乙女の恋』そのとびきり素敵なものを相手から何かを貪るような、卑しいものに下げないで。だって乙女の恋とは、もっともっと豊かなもの。やさしくて、やわらかくて、ロマンチックで、愛にあふれた最高のもの♥日々の中で拾い集めたちいさな幸せの宝ものを、相手にどうぞと差しだすような。日々の中で育みつづけたやさしさでやわらかい毛布を紡ぎあげ、それで相手をつつみこむような。そうすれば、彼だって何かとびきり素敵なお返しをしたくなっちゃうのだから！つまりプラスの働きかけでしか、相手の中のプラスは出てこないのだってこと。だから、この〝ひとり〟をあふれんばかりのプラスで満たすことが大切なのだ。そうすれば自然と彼にプラスが届くようになるから。だけど自分の"ひとり"が満ちていなければ、マイナスは「あれして！」「これして！」と求める気持ちに姿を変えて相手に向かってしまうもの。そう、**幸せなふたりの恋のはじまりは、幸せな"ひとり"。**だから福袋並みに"ひとり"の中にいいものを詰め込んで。そうして恋に臨むこと、彼に向き合うこと、向き合いつづけること。自分の中の満たし切れない想いが反乱を起こし、大切な人にマイナスが向かわぬように、日々の中で地道な幸せに向かう努力をつづけて。「わたしは幸せ♡」って胸をはって、いつもほほえんでいられる自分でいて。

恋のはじまりに彼の心の中に顔をだしたちいさな芽も、花が咲き、豊かに実れば、必ず枯れ、新しい季節を迎えるための準備をはじめるもの。このとき、乙女の心には長い冬が訪れる。凍てつくような寒さの中で魂の芯まで凍りつき、大切に育てた草木は絶望感に根絶やしにされ、すべてを奪われ荒れ果てた心の大地の上に独りぼっち残されて、自然の力を恨みたくなる……だけどそんなときこそ、わたしたちは"ひとり"を守りぬかなくては。それでも自然の力を信じぬかなくては。心にあいた大きな穴に手軽なもの手当たり次第に詰め込んで、それをカムフラージュしちゃおうなんて目論まないで。思いだして、乙女の本質はいつだって"ひとり"にあるのだということ。つまり、"ひとり"の状態こそが普通なのであって、"ふたり"の状態はとびきりスペシャルなもの！それなのに長いこと誰かと一緒にいたから、それに慣れてしまったけれど。だから、普通に戻っただけ。本来の状態に戻っただけなのだ。そう考えれば手っとり早い穴埋め作戦に走り"ひとり"の状態を強引に崩そうとなんて思わず、**「次の恋**

に向けての準備期間」として大切に受けいれられるはず。そしていつか誰かと出逢い、相手の心の中にちいさな恋の芽が芽吹くそのときを、ちゃんと待つことができるはず。自然の力を信頼して、春の訪れをじっと待つことができるはず！その準備を調えながら♪たとえば自分のほんとうにしたいことはなんだろう？そんなふうに問いかけて。夢を見つけて、それに向かってみることで。それが見つからないのなら、なんとなく興味を抱いたもの、ちょっと試してみたいなと感じたもの……日常生活の中でふと湧き上がる一片の好奇心をぎゅっとつかんで、そこから新しい自分への扉をひらいて。そうやって自分の内側に向かってぐんぐん進んでいくことで、乙女の根っこは深くなる。そうすれば大地と深くからつながって、誰もが到達しえない場所から澄み渡った栄養分を汲み上げ、誰もが見惚れてしまうような美しい1輪の花に自らを育て上げることができるのだ。そのときを待っていたかのようにあたたかい春は訪れて、そうしてわたしたちは誰かと出逢い、"ひとり"+"ひとり"の関係を楽しむことができるようになる。その誰かは想像よりずっと素敵で、思っていたよりずっと愛情深く、願っていたよりずっと誠実で、祈っていたよりずっとやさしい人。それこそ、最高の、最高の、最高の恋なのだ！だから、どんなに寂しくとも、悲しくとも、ここに"ひとり"立ちつづけて。今はそのときが訪れるのをじっと待つこと。すべては自然の力のゆったりとした流れの中で運ばれていくものだから。それに従って、それに寄りそって、それに身をゆだねて。決して焦らず、"ひとり"の時間を豊かにすごして。その時間にしかできないこと、その時間にしか手にできない宝もの、その時間にしか輝かせられないものが、必ずあるのだから。たまにフラフラ彷徨っちゃうこともあるけれど、何度だって気持ちをたてなおして。〝ひとり〟に戻って、諦めずそこを満たしつづけて、高めつづけて、最高に、最高に、最高に輝かせて！ そうして磨き上げた〝ひとり〟からあふれだす輝きこそ、あなたというシンデレラのガラスの靴の輝き。いつの日もそれさえ足元にあれば、王子様は必ずあなたを迎えに来てくれるのだから。ふたりが手をとりあう〝魔法のチャンス〟は、自然の力が必ず贈ってくれるのだから♡

冬来たりなば、春遠からじ。 西欧のことわざ

∞ 実は、ひっついてはいけないのは、人だけではない。夢にだって、ひっついてはだめ。なぜなら乙女の夢を叶えてくれるのは、自然の力だから。だから夢との間に適度な距離が保たれている状態、すなわち、〝ひとり〟＋〝ひとり〟の関係を成り立たせ、その「隙間」に自然の力が流れ込み、夢の種を育てられるような状態に調えておくことが大切なのだ。その距離を確保するために必要なのは、揺るぎない自然の力への『信頼』！ それは『自信』と同じように、わたしたちが日々の暮らしの中でスタンダードを〝ひとり〟に据え、自分で自分を幸せにする弛《たゆ》まぬ努力をつづけてこそ培われるもの。なぜならそんな日々の中で自然の力と乙女の絆は育まれ、イイコトやラッキーが次々と訪れるようになるから。そうすると自然の力が実際に現実を動かしてくれる「頼れる存在」だということが実感できるもの。こんな日々のくりかえしの中で、わたしたちの心の中には自然の力への揺るぎない『信頼』が培われ、それこそが夢にひっついた乙女の心を〝ひとり〟立たせてくれるのだ。

夢にひっつくとは、こだわる、しがみつくということ。「どうしても〜じゃなくちゃダメ！」って。もちろん、叶えたい夢や憧れがあればそうなっちゃうのは当然のことだけど、でもわたしたちが最高だと思い込んでいるものは、自分の思考範囲の中での最高だということを忘れないで。それは日本しか知らない人が、富士山こそ世界一高い山だと思い込んでいるようなものなのだ。だから「絶対に富士山の登頂権を手に入れたい〜！」って主張するんだけれど、自然の力にはすべてが見えていて、それ以上のものがあることを知っている。こんなとき、自然の力はわたしたちに『エベレストの登頂権』を贈るもの。そう、**自然の力が乙女に贈りたいと思っているのは常に、この世における最高のものなのである！**たとえその存在をわたしたちが知らなくて、驚かせることを分かっていたって、それでも一番いいものを与えたいと思うのだ。わたしたちが「イカ」しか知らなくたって、どうしても「ウニ」を食べさせたいと思ってくれるのだ！だから自然の力が叶えてくれる夢は必ず、乙女にとって最高のかたちで叶うもの。それが思い描いていたものと違うなら、思いを超えただけ♥それなら最初から夢にこだわったり、しがみつくなんてやめておこう。だってお寿司屋さんのカウンターで、隣に大トロがあるのにハマチを最高級魚と思い込み「ハマチじゃなくちゃイヤ！」なんて頑なに主張するおバカな乙女にはなりたくないもの。

だから賢い乙女は夢にしがみつかない。こだわらない。そうなったらいいなあ〜と思うことはあったとしても、そうじゃなくちゃダメ！なんて思わない。だってもしかしたら、それ以上があるかもしれないのだから！そして、自然の力はそれをちゃんと贈ってくれるのだから。だから安心して待っていればいいのである。夢にこだわらず、しがみつかず、そうなりますようにと胸をときめかせて。それ以上になるかもしれないと胸を高鳴らせて。

しがみつかず、こだわらず、ただ、それが与えられるにふさわしい価値がここにあるということだけを握りしめていればよい。『乙女の魔法バイブル。』より

そう、『自信』と『信頼』。これを「**スタンダードを"ひとり"に据えて揺らがない！**」日々の暮らしの中で勝ちとった先で、乙女の夢は、恋は、すべては最高のかたちで叶うのだ。だから何度もしつこいけれど、やっぱり乙女はスタンダードをひとりに据えて。そうして、自然の力が守ってくれているから『**夢も恋も、結局、一番いいようになるわ♥**』って安心していて。何者にもこだわらず、何者にもしがみつかず、誰にもひっつかない…ううん、そうする必要のないくらい、自分への『自信』と自然の力に対する『信頼』を心に備えた"ひとり"でいて。そう、わたしたちはこの命がつづく限り、どこまでいっても"ひとり"。どんなに愛していても誰かとひとつにはなれないし、どんなに愛されても誰かとひとつになることはできない。それはわたしたちがこの大地の上に咲くちっぽけな1輪の花であるがゆえ。この心が自然の力の指揮の元に踊りつづける、ちっちゃなひとつの音符であるがゆえ。この『乙女の本質』を受けいれ、それに基づいて生きることを決めたとき、自然の力との間に大地の下で結ばれる力強い絆が乙女の夢を叶えるのだ！

最後の１秒まで信じていたのに

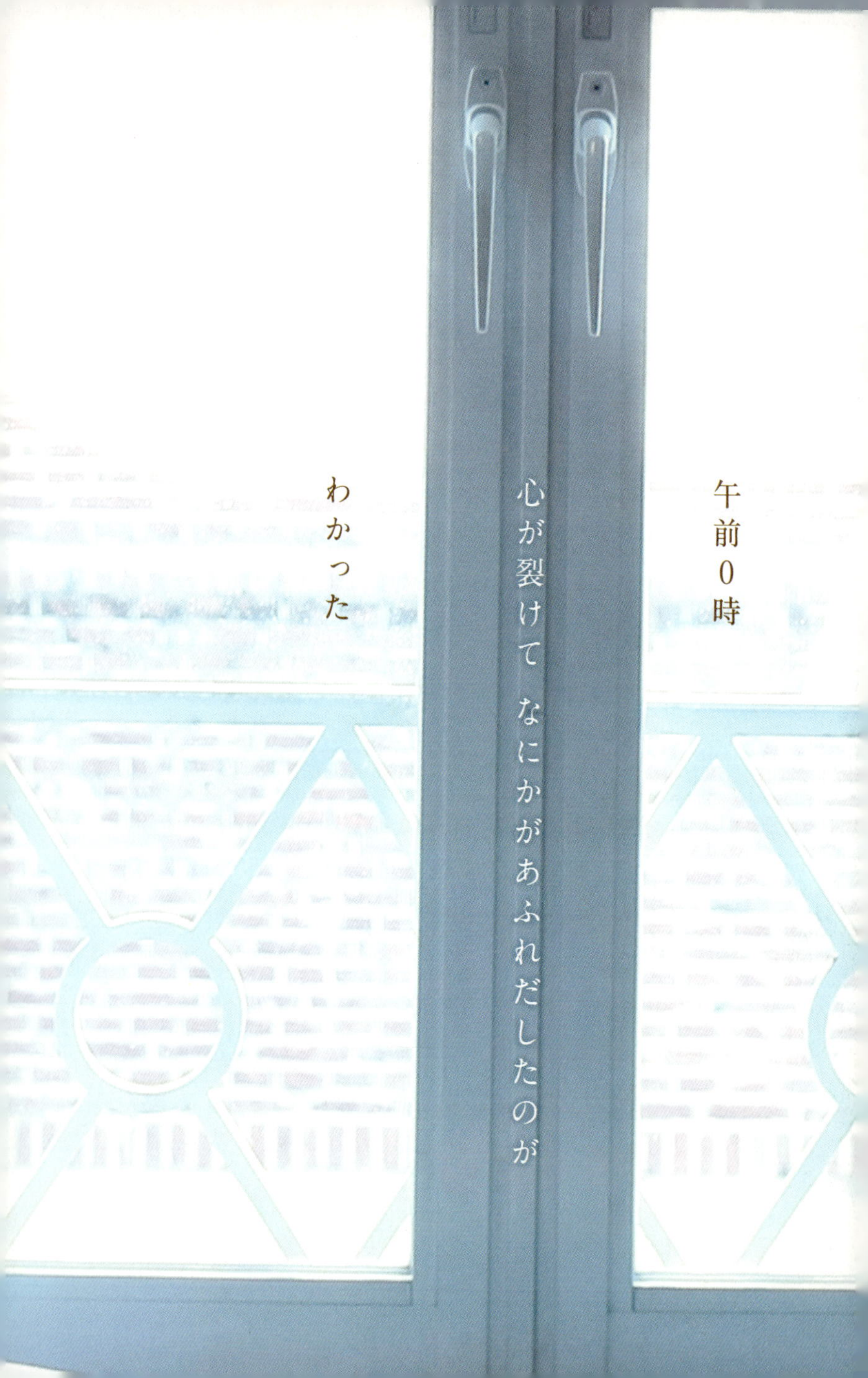

午前0時
心が裂けて　なにかがあふれだしたのが
わかった

0時1分。
ああ どうして
この心は
あっけなく
連れ戻される
もう二度と
ここには足を
踏み入れまい
ずいぶん前に
誓ったはずの
この場所に

必死になって
守りつづけた
きっと命よりも
大切に思ってた

そんな愛しいものたちが

たちまち
根こそぎ
奪われる

草1本 生きぬ
花1本 咲かぬ

深い悲しみ色のこの場所に

こうならぬことを　最後の1秒まで祈っていたのに

祈っていたのに…

ねえ そうやって自分のことをきれいきれいにするけれど

素敵な祈りを吹きこんだ香水のびんをこっそり逆さにしてみたら
ジャムのような何かがドロドロあふれだしてきたりして
美しい信頼をかたどった髪かざりをそおっと裏返してみたら
ガムのような何かがベトベトへばりついてたりして

きっとそう…

だからこの心は自らの潔白を必死になって主張して

ときに弱いものになりすまし
ときに無力なものになりすまし

裏切られたなんて誰かのことを罵って
騙されたなんて誰かのことを責め立てて
傷つけられたなんて誰かのことを悪者にして

そうして酷い誰かのことを　怒りの炎であぶりだす

祈っていたのに　なんて純粋なオリーブオイルをたっぷりしいて
信じていたのに　なんて綺麗なエプロンを自分に可憐にまとわせて

だけど　その炎にあぶりだされるのは結局　この心でしかなくて

そのたびに思い知らされるのは　信頼とか祈りとか
そういうキラキラしたものでラッピングして
ステキと愛でていた夢が　実は　大したことなくて

朝刊に折り込まれたチラシのように
簡単に誰かの手でビリビリ引き裂かれ
昼すぎには愛犬のフンの始末に使われる

その程度の　ああ　そんな程度のものだったってことで！

だからそれがバレないように　だれにも見つからないように
信頼とか祈りとか　そういうものが放つ後光を隠れミノにして
この目をくらませ　キレイだと誇りに思って胸をはっていたかった

ここにいたのはそんな弱い　ああ　そんな弱っちい自分自身だったってことで!!

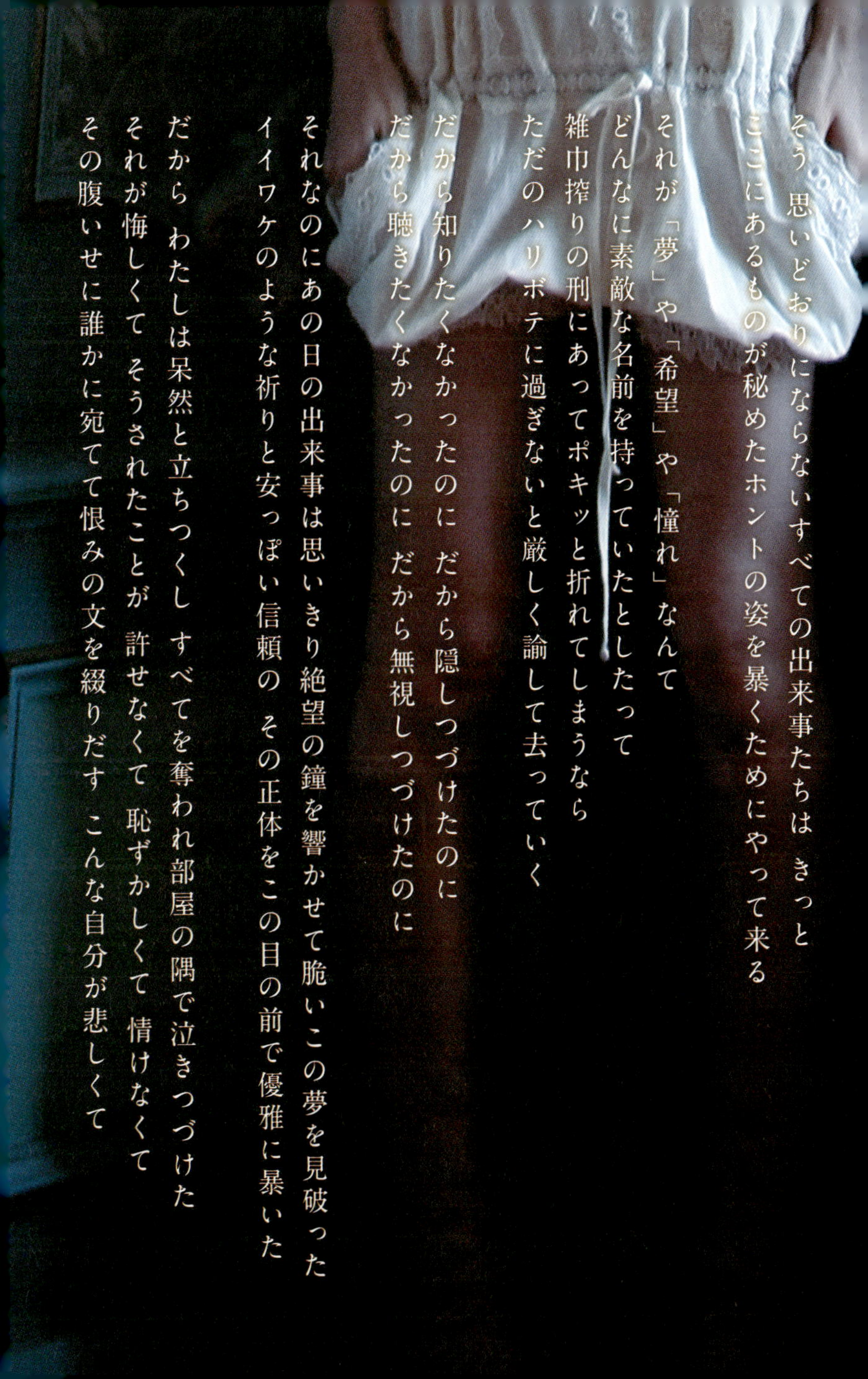

そう思いどおりにならないすべての出来事たちは きっと
ここにあるものが秘めたホントの姿を暴くためにやって来る

それが「夢」や「希望」や「憧れ」なんて
どんなに素敵な名前を持っていたとしたって
雑巾搾りの刑にあってポキッと折れてしまうなら
ただのハリボテに過ぎないと厳しく諭して去っていく

だから知りたくなかったのに だから隠しつづけたのに
だから聴きたくなかったのに だから無視しつづけたのに

それなのにあの日の出来事は思いきり絶望の鐘を響かせて脆いこの夢を見破った
イイワケのような祈りと安っぽい信頼の その正体をこの目の前で優雅に暴いた

だから わたしは呆然と立ちつくし すべてを奪われ部屋の隅で泣きつづけた
それが悔しくて そうされたことが 許せなくて 恥ずかしくて 情けなくて
その腹いせに誰かに宛てて恨みの文を綴りだす こんな自分が悲しくて

ただ悲しくて…

そうして悲しみに手を引かれ　わたしはあの場所へと連れ戻される
あの日もう二度と戻るまいと誓ったはずの　悲しみ色のあの場所へ

ねぇ　わたしはいつから気づいていたんだろう

ここにあるのがホンモノの夢だとするのなら　決して砕け散ったりしないこと
ともにある祈りや信頼だって　歪んだり折れたり引き裂かれたりなんてしないこと

それはまるでダイヤモンドのように　強く強く　揺るぎなく！

だけど乙女の夢は生まれたときは　そんなに強くはないものだから
「指１本触れさせない!!」って強い覚悟で守りぬかなくてはいけないこと

そうしてはじめて夢を　そしてその向こうを見つめる澄んだ想いは
『祈り』『信頼』という確かな名前を与えられ　夢を支えるチカラを得ること

その覚悟を放棄して　立派な名前だけ奪い　幼い夢を置き去りにしたのは自分のくせに
絶望なんかに不意打ちされて砕かれちゃったその残骸を誰かの胸に押しつけて
怒って恨んで呪ってその上都合よく罪を擦りつけるなんてズルいよね！

わたしの中の誰かがそう叫んでいるけど 仕方ないよねって
もう一人の自分が弁護するから 結局何も変わらなくて
夢の重みに耐えきれず 心はフラフラ彷徨いつづけ

あっさり裏切りの餌食になって ちゃっかり迷いと手を組んだりして
ときにお世辞に丸め込まれ たまに虚構の中に閉じ込められて

おだてられ もてはやされ ちやほやされて 金曜日の夜
お立ち台の上でみんなに拍手を送られ 有頂天になっちゃって
そうかと思えば浮かない顔して日曜日のおやつの時間にやって来て
素敵な恋の紅茶の中にミルクと一緒に溶けこんで やっぱり無理だと泣き崩れ
甘い夢のケーキの中に生クリームのふりして滑りこみ どうか諦めてと懇願する

そう すべての混乱は覚悟を決めぬ自分の中の 支えを持たぬ夢を抱えた心のせいで
だから あの場所に連れ戻されてしまうんだ 何度も何度も連れ戻されてしまうんだ

そうして祈りは届かぬまま 信頼は報われぬまま ああ この夢は永遠に 叶わぬまま
悲しみに抱かれながら終わっていくんだ
悲しみに連れ去られて消えていくんだ

どうせそんなもんなんだろう?

だけどそれだけじゃないだろう？

ねえ　絶対にそれだけじゃないだろう？

きっと あの日の出来事がわたしに伝えたかったのは
この心が抱えたどうしようもないもののことだけじゃなく

この祈りが確かなるものの称号を贈られ 涙の川を渡りきる日が来ることで
この信頼が揺るぎないものの証を贈られ 嘆きの森を突きぬける日が来ることで
その両者によってしっかりと支えられてここに立つ『乙女の夢』その姿で

それが美しく花ひらき荒野を彩る記念日が必ず来るってことで
それを叶える〝魔法のチカラ〟がここにはちゃんとあるってことで
それならそのチカラを自分で奮いたたせて立ち向かえっていうことで！

忘れないで この世界に強さを備えて生まれるものなどひとつもないということ

だから降参なんて絶対絶対しちゃダメだ！

どんな出来事だって この祈りや信頼がどれほどのものかを調べるためにやって来る！
この夢がほんとうに叶えるに値するものなのかどうかを見極めるためにやって来る！
だから恐い顔した出来事が行く手を阻んだ それだけで
もうだめだなんて認めないで 諦めるなんて言わないで
うまくいかないことがあったなら 祈りや信頼の強さを試されてるんだと思えばイイ！
思いどおりにならなかったなら 夢の真価を示すチャンスを与えられたと思えばイイ！
すべてを台無しにされたって ここからの道のりですべてをかがやかせてやればイイ！
だからもう 信じていたのに、祈っていたのに、愛していたのに
夢みていたのに、のに、のに……なんて泣かなくていい
だってまだここは終わりじゃない!!

そう　ここで終わるものなんかひとつもなく

すべてにはこの先があるのだから

きっといいことはここからはじまっていくのだから

はじまらないはずないんだから！

だから　なにも恐れないで！

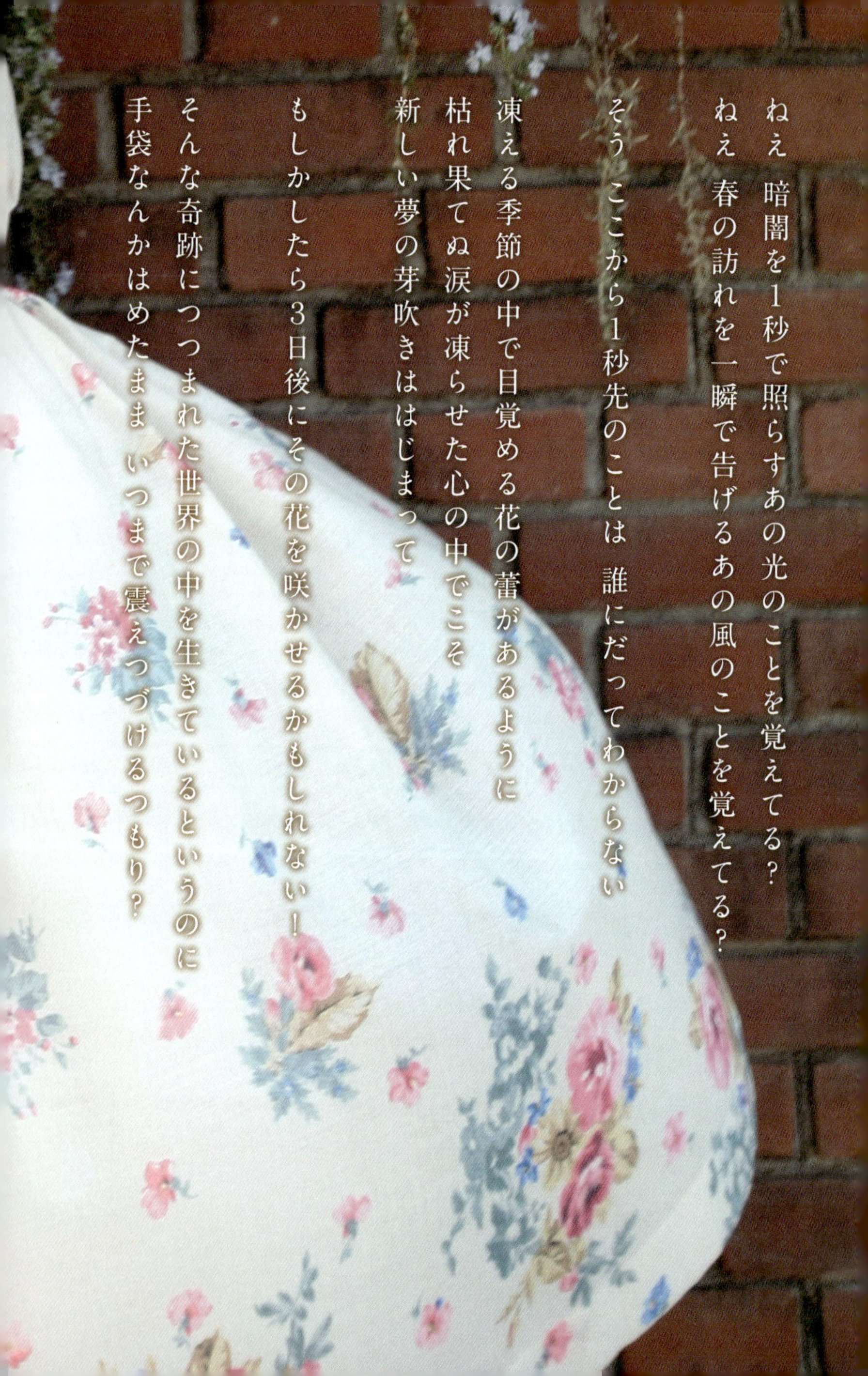

ねえ 暗闇を1秒で照らすあの光のことを覚えてる？
ねえ 春の訪れを一瞬で告げるあの風のことを覚えてる？
そう ここから1秒先のことは 誰にだってわからない

凍える季節の中で目覚める花の蕾があるように
枯れ果てぬ涙が凍らせた心の中でこそ
新しい夢の芽吹きははじまって

もしかしたら3日後にその花を咲かせるかもしれない！

そんな奇跡につつまれた世界の中を生きているというのに
手袋なんかはめたまま いつまで震えつづけるつもり？

いつまで脅えつづけるつもり？
いつまで拒みつづけるつもり？

そんなふうでは

何度 朝日が昇ったって気づかない
何度 春風が吹いたって気づけない

幸せとともに行くことができない！
喜びとともに行くことができない！

今この瞬間からはじまっていく
史上最高の物語のオープニングを
主人公になって飾ることなんてできない!!

そんなのは　いやだ！

忘れないで　どんなときにもはじまりはここにあって
いつだって　前よりずっとずっとスペシャルな幸せが
今　わたしのことを迎えに来ているのだということ！

たとえ傷ついたって　その１秒後にはもう
たとえ落ち込んだって　その１秒後にはもう
前よりもっともっと　パーフェクトな喜びが
ここに　わたしのことを抱きしめに来るのだということ‼

だから恐れないで
先へ先へと進むんだ！

途中で息が切れたって
どうかそのまま走りつづけて

靴のかかとが折れたって
どうかこのまま止まらないで

疑いが作った迷路の中で迷っても
後悔が掘った落とし穴にはまっても

2秒後には　そう！　顔をあげて
5秒後には　ほら！　立ちあがって

10秒後には　さあ！　気をとりなおしていかなくちゃ‼

だって絶対　負けたくない
だって絶対　負けられない

たとえ耳元で不安に囁かれたって気にするもんか！
たとえ鼻先で恐怖が蹲ってたって気にするもんか‼

まっすぐな祈りを杖に　この1歩をふみだすことをやめなければ
たくましい信頼を道標に　この1歩をくりだすことをやめなければ

最後の最後に贈られる答えは「うまくいく！」それしかないのだから

そうだと決まっているのだから！

心からの祈りによって、成し遂げられないものは、この世にない。

マハトマ・ガンジー

もしも　この道を行けば行くほどに

恐怖や後悔にまとわりつかれ　不安や疑いにしがみつかれ
心まるごと強張らせていくのが　人の世の常だとしたって

その核心に授けられた1粒の真珠のように
やわらかな光をはなつ愛の姿は変わらない

その場所に立って　すべてを眺めてみたら
今まで見えなかったものが　見えるだろう

たとえば　ほら　この薄暗い部屋の中で

後悔の膝の上で可愛い寝息をたてる　だれかがいること
恐怖に叱られぬように鼻歌をうたう　だれかがいること

たとえば　ほら　あの懐かしい公園の隅で

不安で組まれたジャングルジムによじ登ろうとする　だれかがいること
疑いで吊るされたブランコに乗ってはしゃいじゃう　だれかがいること

不可能に傾くシーソーにまたがって可能性を勝ちとるだれかがいること!

ねえ　そうやって　すべてはつながってここにあるのだろう

どちらか一方だけではここにいることなんてできないのだろう
いつだってふたりは一緒にいなくちゃ生きていけないのだろう

だから恐がらなくていいんだよ

だって悲しみは　サムシングブルーの糸で幸せと結ばれてここにある！

絶望と希望がこの背に生えれば羽根となり　わたしを夢まで運んでく！

それならやっぱり最後の1秒まで信じつづけて
それならやっぱり最後の1秒まで祈りつづけて

ねえ　この空の色は
あの日の悲しみの色に
ちょっとだけ　似ているね

だけど　花嫁さんが身につける
幸せの色にだってなんとなく
似ているような気もするね！

それならきっとこの青空は
もうすぐここにやってくる
”最高の幸せ“の予感だね♥

”可愛らしさ“を花ひらかせた乙女の向かうところに敵なし！

「乙女は大地に咲く1輪のお花である！」とは何度もくり返してきたけれど。もう1回、声を大にしてくり返させて。『乙女は1輪のお花なのである〜っ‼』お花とはどんなものでも、どこかしら”可愛らしさ“を備えているもの。それならば！1輪のお花である乙女だって、”可愛らしさ“を必ずその心の中に備えているのだ。ここでいう”可愛らしさ“とは、長い睫毛《まつげ》とか、大きな目とか、透き通った肌とか、ピンクのワンピースとか……そういう外見的なものだけのことを指すのではない。むしろそれは乙女の内面に、洋服の下に、メイクの下に秘められているもので、愛さずにはいられない、大切にせずにはいられない、尊ばずにはいられない……そんなきもちに人をさせてしまう乙女特有の性質のこと。つまり、**すべての乙女は、愛されるに相応しい、大切にされるに相応しい、尊ばれるに相応しい……とびきり”可愛らしい“存在**なのだ！こんなこと言われると、「いや、わたしは例外！」なんて否定したくなってしまうものだけど、どんなに否定したって、これは生まれたときにわたしたちの心の中に授けられた『乙女の本質』なのだから、決して変わることはない。前にも言ったけど、本質とは、物事の根本的な性質、本来の姿のこと。それは人や物の内に秘められていることが多いため、たいていの場合、パッと見ただけではわからない。だから"可愛らしさ"だってパッと見ただけじゃあ、わからなくて当然なのだ。だけど目に見えないからといって、ナイ！って決めつけてしまうのは勿体ナイ。だって"可愛らしさ"は、自然の力が授けた『乙女の本質』。これを大切にすればするほど、自然の力と強く結びつくことができるのだから。だからまずは、この"可愛らしさ"というやつが自分の心のどこかに眠っているのだと認めてあげて。今まで可愛いと言われたことがないからって、可愛いものを身に着けたことがないからって、可愛いものなんて嫌いだからって、可愛いものは似合わないからって、どこからどう見ても自分のこと可愛いなんて思えなくたって、「わたしは可愛くなんてない！」って自分の本質を否定するのはもうやめて。だって否定すればするほど、自然の力との絆は脆《もろ》くなってしまうのだから。忘れないで、乙女の本質である"可愛らしさ"を授けたのは、自然の力。それを否定してしまったら、自然の力とのつながりは断たれてしまうのだ。だからとにかく心を決めて、「わたしはとびっきり可愛い♥」そう思い込むこと！　毎日鏡を見る度に、そう自分に言ってあげること。そうすると心のどこかに眠っていた"可愛らしさ"の種が育ち、やがて花ひらく。そのとき"可愛らしさ"は豊かな香りとなって周りにあふれだし、それを証明するかのごとく、みんなから「可愛いね！」なんて言われるようになる。なぜかしら、大切にされるようになる。好かれるようになる。愛されるようになる。乱暴なことはされなくなる。お姫様のように扱われるようになる！　たとえそれが、偶然乗ったタクシーの運転手さんであっても、こんなふうに言われてしまう。「どちらまでお送りさせていただきましょうか？」「ハイ、かしこまりました！　お任せください!!」なんて。思わず、「おつりはイイです♡」なんて言いそうになってしまうくらい恭《うやうや》しく。このとき、わたしたちはようやく納得するのである。「ああ、わたしって、ほんとうは可愛らしかったんだ♥」って。愛されるに相応しい、とびきり素敵な存在だったんだって。こんなふうに毎日の中で自分の授かった〝可愛らしさ〟を実感できる瞬間が増えれば増えるほど、自然の力とのつながりは、さらに強く揺るぎないものになっていく。だからこれからは、自分の〝可愛らしさ〟を拒絶なんかしないと決めて。もう長いこと自分が可愛くないのだと、そう思い込んできてしまったのなら、何度も何度も、鏡に自分が映る度、「とびっきり可愛い♥」って言い聞かせて。**自分で自分にかける言葉こそ、〝可愛らしさ〟を花ひらかせる魔法のチカラ**なのだから。恥ずかしいなんて勿体ナイ！だってそれを受けいれるだけで誰からも愛され、大切にされ、気分良く暮らしていけるのだから。中でも自然の力からは格別に愛されるようになるから、今まで怖い顔して乙女の行く手を阻んでいた問題や悩みごとが平伏し、憧れの場所へとつづく道が前途洋々とひらけていく！　そう、目の前の一切を自分に従え、味方につけてしまうほど〝可愛らしさ〟ってやつはスゴいのだ!!　せっかくそれがここにあるのだから上手につかって、〝可愛らしさ〟満開で生きた

ほうが断然お得なのである。そうよ、わたしたち、ホントはとびっっっっきり可愛いんです♥

❀実は、乙女の内側に眠る〝可愛らしさ〟をたちまち花ひらかせる魔法がある。それは普段身に着けるもの、持ち歩くものに〝可愛らしさ〟を加えてみること。内側にあるものは外側に、外側にあるものは内側に、互いに影響を与え合うため、外側を「そうなりたいように」調えれば内側に眠る外側と同質のものが育ち、花ひらいていく。だから、〝可愛らしさ〟を花ひらかせたいなら、外側に〝可愛らしさ〟をまとうこと。いつも持ち歩いているバッグの中に何か1つ、〝可愛らしいもの〟を入れて出かけてみるだけで、OK！たとえばハンカチ、化粧ポーチ、手帳なんかを「めちゃくちゃ可愛い♥」そう思えるようなものにしてみるだけで。

それから洋服を選んだり、メイクを施したりするときに〝お花っぽい♥〟感じを意識してみるのも効果的。乙女は〝1輪のお花〟なのだから、外側にお花のような雰囲気をまとうと内側の本質と見事に調和し、相乗効果でものすごく〝可愛らしく〟なっちゃうのである。また、〝可愛らしさ〟にいちばん効くのは、桜色。その可憐なピンクこそ、わたしたちの心の中に眠る〝可愛らしさ〟を目覚めさせる魔法の色なのだ！この色を肌の上にのせるだけで、乙女の〝可愛らしさ〟はたちまち花ひらく。ポイントは、肌の上に直接のせること。たとえば、桜色のチーク、桜色の口紅、桜色のアイシャドー、桜色のネイル……どこかに、ぜひ桜色を。持ってないなら、ぜひぜひ手に入れて！口紅は大人なベージュ系に決めてるのという人も、チークは健康的なオレンジ系が好みという人も、アイシャドーはブラウン系しかつけないのという人も、ネイルくらいは弾けたカラーでいきたいわという人も、桜色を用意しておいて損はない。1週間に1度くらいは、「桜色でも試してみようかしら」なんて気分になることもあるのだから。「わたしには似合わないもん！」なんて思ってたって、試してみたら、案外というか、かなり似合ってしまうもの。慣れないうちはどこかぎこちなく感じることもあるけれど、違和感なんていずれ馴染んで消えるもの。だから、自信を持って挑戦してみて。だって乙女は1輪のお花。それなのにお花のような色が似合わないなんて、ありえないのだ！

そう、乙女の"可愛らしさ"を花ひらかせる魔法の色とは、「オレンジよ！」「紫だけど、文句ある？」「ブルーですけど‼」なんてハッキリ物申す色ではなく、やさしく、やわらかく、おだやかで、あたたかい色。もしも桜色に抵抗があるなら、水色やクリーム色なんかもいい。とにかく目がチカチカするような眩しい色ではなく、それにつつみこまれときに、心がほっと、安堵《あんど》の吐息をつくような色。戦闘モードではなく、リラックスモードに入れる色。そんな色をメイクに、ファッションに、またはインテリアにとりいれて。こんなふうにして、日々の暮らしの中で"お花っぽい♥"雰囲気を身にまとい、それに囲まれて暮らすことで乙女の"可愛らしさ"は目を見張るような速さで成長し、美しく花ひらく。すると周りの人の目に可愛らしく映しだされるようになり、褒められたり、やさしくされたり、助けてもらえたりすることが増えてくる。蹴飛ばされたり、踏みつけられたりせず、まるで繊細な1輪の花に触れるかのように、大切な存在、尊い存在、愛すべき存在として敬われるようになるのだ。

それでも自分には桜色や可愛いものが似合わないとか、相応しくないとか感じてしまうなら、今まで〝可愛らしさ〟を心のどこかで否定し続け、ずう—っと閉じ込めてきちゃったから。たとえばその対極にある、濃く、強く、キツく、激しい色をまとうことで。もちろん、それに心地よさを感じるのなら、問題ない。だけど1年365日、自己主張の激しい色のオンパレードだと、乙女の心の中の〝可愛らしさ〟は、息ができずに瀕死状態に陥ってしまうことを忘れないで。だから炎のような赤のネイルとカラスのようなブラックの組み合わせが最高にシック！だと思っていても、〝乙女デー♥〟を1週間に1度くらいは設けて、やさしい色を身にまとい、やわらかなメイクを施して、心の中の〝可愛らしさ〟に深呼吸させてあげて。

もうちょっと踏みこんで考えてみると、おだやかで、やさしく、やわらかな色とは相手に対してこそ、安心感や心地よさを与えるもの。激しい色は、激しく自己を主張するけれど、やさしい色は、相手を立て、相手にとって心地よく、相手の心にそっとよりそう……それは、思いやりを反映する色なのである。そう、わたしたちの〝可愛らしさ〟を花ひらかせるのは、相手を重んじるきもち、相手にそっと寄りそうきもち、相手を心地よくしたいと願うきもち……相手に対する愛情なのだ。それは決して自分を後方に追いやって相手を優先し、自分の欲望をおしとどめて相手のために尽くす！という悲壮感を含む酷なものではなく、あくまで自分の心地よさや幸福感の延長上にある、おおらかで豊かなもの。そう、乙女とは、自分の心地よさの先に、自分の快適さの先に、自分の幸福感の先に愛情を忍ばせ、ちゃんと周りの幸福と自分の幸福とを結び合わせていける生き物。この心が心地よさを感じれば、快適さを捕えれば、幸福に満たされれば、それは心の内側だけにはとどまらず、周りに向かって流れはじめるのだ。いいものを自分の中のみに留めておくなんて、まして独り占めすることなんて決してできない、超太っ腹なのが乙女の心なのである。そうよ、乙女はケチで姑息な生き物なんかじゃない！この心を通りぬけた幸せは自然と周りへと広がって、広がって、広がって、誰かの幸せと、みんなの幸せと手をつなぎ、そうして世界中にいいものを循環させていける、そんな豊かな生き物なのだ。わたしたち、そんな愛にあふれた素敵な生き物に生まれたのだ！

　だからこそ忘れてはいけないのが、**すべての幸福の循環の原点に位置するのは己に対する愛情だということ。暮らしの節々で抱きしめる幸福感だということ。それがなくては、何もはじまらないのだということ！**だから自信を持って堂々と、自分のこと、うっとりするほど幸せにしたらいいのである。自分のこと、とろけるくらい愛したらいいのである。そうして日々を暮らしているうちに内側が幸せで満ち満ちたなら、自ずと乙女の眼差しは自分の外側へとひらきはじめ、自分の周りのすべてを讃え、すべてを敬い、すべてを愛でることに幸福を感じるようになるのだから。やがてそれを通り越し、周りの幸福のために役立ちたいと願いはじめるようになるのだから。そう、自分の心に100％集中し、自分を100％満たしたときに、自ずと周囲との間に成り立つ豊かな愛情の循環の中でこそ、乙女の〝可愛らしさ〟は満開に花ひらく。それはまるであたたかい春がやって来たかのようなほほえみを連れて周りのすべてをつつみこむ。だから、そんな乙女は誰からも愛されるようになる。家族から、友人から、彼氏から、なにより自然の力から好かれ、愛され、強く強く結びつき、色とりどりの幸運に恵まれて、極上の安心感の中でいつの日も心穏やかに暮らしていけるようになる♥

キャリアウーマンとしての生き方が脚光を浴び、賞賛される今、デキる女が持てはやされ、〝可愛らしい〟よりも「カッコいい！」に、誰もが一度は憧れるもの。そんな中で、敢えて〝可愛らしい〟道を行くのは勇気がいることかもしれない。だけど時代が何をその流行りに据えようと、乙女の心を幸福感で満たしてくれるのは、カッコいいパンツスーツではなく、〝可愛らしく〟ふんわり広がるスカートのほう。パンツスーツは心を奮い立たせてはくれれど、幸せなきもちにはしてくれない。そこに理由なんてないけれど、理由のないことはすべて、尊い『乙女の直感』！それは信じるに値する、目には見えない確かな根拠を備えたものなのだ。

さあもう一度、心をひらいて感じてみて。何を身に着けたとき、何を持ち歩いたとき、何と一緒にいたとき、自分は幸せなきもちになれるのかなって。みんなからどう思われるだろうかとか、周りが思う自分のイメージとはちょっと違うかなとか、そんなことは気にせずに！自分の心に力強く響いてくる感覚にこそ、耳を澄ませて。そうして周りの評価から少し離れ、静かに自分と向き合って、心に響くものを感じてみると、なぜだろう、〝可愛らしい〟ものは、わたしたちの心の緊張をやわらげ、やさしさで満たし、ときに何かいいことが起こりそうなときめきすらもたらしてくれるもの。そう、やっぱりわたしたち、**可愛らしいものが好き♥可愛らしいものに囲まれて暮らしたい♥そして誰よりも、可愛らしくなりたい♥**のである。

それなら〝可愛らしさ〟を求めてやまぬこのきもちに抗わず、素直になって。そうやって**どんな時代の中にいても、どんな環境の中にいても、わたしたちが『乙女の本質』に基づいて生きることを決める勇気こそが、自然の力から愛されるための決定打になるのだから！**

そうすると、わたしたちが「乙女として」の人生において得るべきスペシャルな幸福の数々…運命の出逢い、素敵な恋、幸せな結婚、豊かな暮らしなんかを叶える魔法のチャンスが次々と贈り届けられてくる。そう、乙女に生まれたわたしたちが、乙女らしく、可愛らしく、その本質に腰を据えて生きること、それこそが何より確かに乙女の幸福を叶える生きかたなのだということを忘れないで。だって『乙女の本質』は、自然の力が与えてくれたもの。それに基づき、それを尊び、それを大切にするということは、自然の力に基づき、自然の力を尊び、自然の力を大切にするのと同じこと。そうすれば、自然の力は乙女のことを愛さずにはいられない。素敵なプレゼントを贈らずにはいられないのだ！これこそわたしたちが幸せになるためのとっておきの魔法なのに、女だってオトコのようにバリバリ働き、ガツガツがっつき、必死でガンバル…『乙女の本質』の対極に位置するルールで縛られたのがこの社会。だからその犠牲にならないように、たとえひとりだって、とびきり可愛らしい『乙女の本質』を守りぬく！この我が道を行く勇敢な決意こそが乙女の幸福を、愛にあふれた暮らしを叶えていくのである。

愛されたいなら、愛し、愛らしくあれ。　ベンジャミン・フランクリン

ここからはもう一段階ぐぐっと踏みこんで、乙女の〝可愛らしさ〟を桜のように満開に花ひらかせていきましょう！さっき、〝可愛らしさ〟を花ひらかせるためには、〝可愛らしい〟ものを身につけることが大切だと言ったけど。じゃあ、〝可愛らしいもの〟ってなんなのか？それはレースにリボンにバラの花……想像するに、これが〝可愛らしさ〟の王道。だけど、乙女の〝可愛らしさ〟を花ひらかせるには、必ずしも王道を行けばいいというワケではない。もちろん、そういうものが大すきというのなら、それを選んで構わない。だけど、そういう系はちょっと苦手と感じるのなら、ここからの話をよく聴いて。実は、乙女の〝可愛らしさ〟

を花ひらかせるのは、見るからに可愛らしく、甘〜く、ロマンチック……なものだけではない。肝心なのは、それが**大切な自分のために心を込めて選ばれたものかどうかってこと**なのだ。

たとえばコットン100%の真っ白なネグリジェ。見た目に華美な装飾はなくとも、うんと肌触りがよく、それを着て眠ったらいい夢が見られそうで、きっと朝の目覚めはパーフェクト！ だから、これは『大切な自分』に相応しいものだわ♡こんなふうに思って購入したものなら、それこそ"可愛らしいもの"と呼ぶべき一品なのである。つまり、**"可愛らしいもの"とは、大切な自分へのたっぷりの愛とやさしさに基づき選ばれたもののこと！**ちょっとでも自分がいいきもちになれるように、毎日の暮らしが少しでも快適になるようにって自分自身を愛しむきもちを出発点にして選ばれたもののこと。それを選んだ瞬間のわたしたちの心の持ちようがそこに魔法をかけ、それが高かろうと安かろうと、シンプルであろうと派手派手であろうと、たちまち乙女の本質を花ひらかせるとびきり"可愛らしいもの"にしてしまうのである。そう、肝心なのは、そのモノに込めるわたしたちの想い。それが自分を愛しく思うきもち、自分を大切にしようとする意志、自分の中に尊さを見出す眼差しであるとき、それは値段や外見を問わず"可愛らしいもの"になり、それを身につけたり、それとともに暮らす日々の中で何とも言えない幸福感を乙女の心にあふれさせ、その"可愛らしさ"を花ひらかせていくのだ。だから「これでいいや！」なんて投げやりな気持ちで選ばずに、限られた予算の中で最大限、「大切な自分に相応しいものはどれだろう？」「自分をいちばん幸せなきもちにしてくれるものはどれだろう？」って愛犬のチワワに着せる洋服を選ぶときのように心を込めて選ぶこと。たとえそれが誰の目にも触れない、家の中だけで使うものであったとしても！

> **人生を幸福にするためには、日常の些事《さじ》を愛さなければならぬ。**
> 芥川龍之介

つまり、**乙女の"可愛らしさ"を花ひらかせるのは、自分に向ける愛情**なのだ。だから自分自身に、自分が生きる日々の中に、自分が暮らす部屋の中に、自分が持つものに、自分が着るものに……自分にまつわるすべてに愛を込めながら生きていくこと。『あなたはとても大切な人♥』『あなたはとても愛おしい人♥』って。決して、自分を雑に扱わないこと。自分を疎かにしないこと。自分を適当にあしらわないこと。そして、この心が欲すること、求めること、望むことに細やかに応えていくこと。できる範囲の中で最大限を目指して、自分に手をかけ、自分に気を配り、自分のことを思いやって暮らすこと。忘れないで。愛情は行動で示したときに、はじめて自分の心に届き、その"可愛らしさ"を花ひらかせる魔法のチカラになるのだということ！ほら、恋人ができて、うんと愛されると、乙女は突然、可愛らしくなってしまうものだけど、わたしたちに素敵な魔法をかけることができるのは、彼だけじゃない。それに負けないくらいすてきな魔法を自分で自分にかけることができるのだ！それは毎日の中でうんと自分を愛することで。うんと、うんと、うーんと愛することで♥

❀もちろん、贅沢をする必要はない。だけど乙女たるもの〝ケチ〟になってはなりませぬ！「無駄遣いをするのはやめよう！」「ストレス買いはしないぞ！」ってお金を大切にしようという意識を持って暮らすことはとても大切なこと。だけど、**それが何であっても自分が選び、手に入れたものには、そこに強い想いが込められ、それが自分の心に大きな影響を与える**のだということを忘れないで。自分のことを見くびるような「この程度で！」に基づいて選ばれたものが乙女の心に与えるのは、かなりのダメージ。たとえばスーパーで晩ご飯の材料を選ぶとき。150円の特級品のブロッコリーと50円の見切り品のブロッコリーがあったら、少し躊躇《ためら》いながらも50円のほうに手を伸ばしてしまうけど。そのブロッコリーを使って作られたサラダをいただくとき、わたしたちは同時に、こんなメッセージを自分に食べさせることになる。「あなたは150円のブロッコリーを買ってあげるほど価値のある存在じゃないよね。せいぜい50円どまり！」ああ、なんて大げさな‼なんて笑わないで。一瞬に受けるダメージは少量でも、チリも積もれば山となる。そんなこと毎晩、食事の度に耳元で囁かれたら、「わたしには大した価値がないんだ……」って心がそう思い込んでしまっても無理はないでしょ?そう、無言のうちに、日々の中で呪文のように繰り返される「アンタなんて！」が、乙女の心を雑巾みたいに擦り減らし、可愛らしさから遠ざけていくのだ。

さあここで、付き合いたての彼氏が家に来て、夕食を振る舞うことになったときのことをイメージしてみて。「そりゃあ、ちょっとでも見栄えが良くて美味しそうな150円のブロッコリーを選ぶわよ!!たかが、100円の差デショ。ケチケチしなくたっていいじゃない!」なんて思ってしまうはず。だって彼は大切な人だもの♥そう、わたしたち、大切な人にはそれ相応の扱いをするもの。とびきり贅沢はできなくたって、「できる範囲の中で、できるだけいいものを!」と思うものであり、「安いから!」なんていうケチな基準でモノを買ったりはしないのだ。

それなら同じように……は難しいかもしれないけれど、「安いから!」だけの理由で自分に何かを買い与えるのはできるだけ、やめること。それがどんなにちっぽけなものであっても、自分のこと見下す気持ちが含まれないように、「少しでも心が喜ぶものを!」と考えて。

このように『大切な自分のために♥』というきもちを日々の暮らしの中で保ちつづけるよう心がけることで、乙女の心が受けとるメッセージは変化する。『あなたはとても価値のある人♥』『たくさん幸せになるべき人♥』って。もし誰かにこんなふうに言われたら、とても、とてもうれしいもの。同じように自分だって、とてもとてもうれしいのだ。そう、自分自身に愛を込めるとは、決して特別なことをすることじゃない。それはいつも当たり前のようにくり返していることに、ちょっとだけ自分への愛を込めること。**『大切な自分に相応しい、できるだけいいものを!』**と心に掲げて暮らすこと。ほら、誕生日にバラの花束をもらうよりも、風邪で寝込んだときに果物でも買って「だいじょうぶ?」とお見舞いに来てくれたほうがずっと愛を感じるでしょ？ そう、乙女の心が必要とする愛情とは、特別なときに用意されるスペシャルなものではなく、日常生活に散りばめられたさりげないもの。気にも留めないようなものに込める想いこそ乙女の〝可愛らしさ〟を花ひらかせる魔法なのだ。だから人目に触れない場所で頻繁に使ったり、食べたり、着たり、触れたり、見たりする…枕カバー、バスタオル、シーツ、パジャマ……ほど愛を込めて『大切な自分のために♥』選んであげて。時間をかけて、ちゃんと考え、大切な人にそうするように自分自身を慈しむ努力を怠らない！ そんな日々の暮らしの中で、乙女の〝可愛らしさ〟は育ち、やがて花ひらくのだから。

だからしつこいけれど、〝ケチ〟になってはだめ。一生懸命働いて稼いだお金は自分が幸せになるために役立ててこそ生きるのだから。家計のためにどんなに節約したって、それが自分の幸せを殺いでしまうようなら本末転倒‼ さあ、太っ腹でいくのだ！ もしも慢性鼻炎なら、街でもらったゴワゴワのティッシュではなく、やわらかいティッシュを自分に買ってあげて。毎日の暮らしの中で何気なく使っているものこそが、わたしたちの心に目に見えぬメッセージを絶えず与え続けるのだと心して。「あなたは大切な人だから、やわらかいのどうぞ♥」という愛情が込められたティッシュで毎日鼻をかむ人と、「あんたなんて、ゴワゴワのティッシュで我慢しなさい！」という気持ちが込められたティッシュで毎日鼻をかまなくちゃならない人。どちらの乙女がその『本質』を花ひらかせ、〝可愛らしく〟なれるかは、言わずもがな。そう、いちばん大切なのは、当たり前すぎて意識すらしないこと。**日の前を慌ただしく通り過ぎていく日々の中で、無言のうちにくり返される一瞬を捕まえて、そこにどれだけ愛を込められるか！**これぞ乙女が本気になって挑むべき勝負なのである。だから、「この程度でいいや！」なんて投げやりな気持ちに負けないで。「あたしなんて！」のような怠惰な気分に降参しないで。染みついた惨めな心の癖に立ち向かうのは容易なことではないけれど…それでも！大切なわたしに相応しいとびきりすてきなものを選んであ・げ・る♡たとえ自分ひとりだって大切な存在として扱ってくれる人がいたなら、乙女の"可愛らしさ"は花ひらかずにはいられないのだから。それなら、今夜は150円のブロッコリーに決まりッ！

たとえそれが何かを購入するという行為ではなくても、たとえばご飯をつくる、洗濯物をたたむ、部屋の掃除をする、布団を干す……そんな当たり前のようにしている家事、ひとつひとつに自分を愛するきもちを込めながら暮らすだけで、乙女の"可愛らしさ"は花ひらく。特別なことをしなくたって構わない。ただいつもよりちょっとだけていねいに、心を込めてみるだけで。いつもよりちょっとだけ幸せなきもちになれるよう工夫して、ひとつひとつを彩ってみるだけで！たとえば玄関に素敵な表札を飾ってみるとか、引き出しの中にいい香りの石けんを入れてみるとか、ランジェリーを手洗いしてみるとか、窓辺にお花を1輪飾ってみるとか……そう、**自分を愛するということは自分が今いるこの場所を愛すること、それは**

日々の暮らしを愛で、美しく彩ることに他ならないのだ！だから毎日の生活にこそ、愛を込めて、やさしさを込めて、心を込めて、ていねいに。クタクタに疲れ果てて帰宅した夜にバスルームに『あなたはとっても大切ひと♥』という想いが込められて、美しくたたまれたタオルがあったなら、お風呂上がりにそれにつつまれるだけで、乙女の心は癒されていくもの。そう、モノに込められた自分のやさしさによってこそ弱った乙女の心は回復し、そのチカラは活き活きと蘇るのだ。だから身の回りにある物言わぬモノたちこそ、たいせつに扱って。

たとえば自分の周りにあるモノに**〝いつもよりやさしく触れて〟**みること。それらはすべて、自分の一部なのだと心得て。それらを乱暴に扱うことは、自分を乱暴に扱うのと同じことだと肝に銘じて。できるだけ、やさしく、そおっと。椅子に座るときは、ドシンではなく、ストンと。ドアを開けるときは、ガチャッではなく、カチャッと。なるべく、濁点が入らぬように。そのひとつひとつにもしも命があったなら……そんなことを考えながら。そうして自分の周りにあるモノにやさしく触れてみると、乙女の心は自分がやさしく触れられているような心地よさを覚えるもの。それから、いつも使っているものを**〝いつもよりたっぷり自分に与えて〟**みるのもいい。化粧水、クリーム、シャンプー……なんかをケチケチせずに掌に山もりたっぷり使うのだ。そう、「ちょっとずつ…」ではなく「たっぷりと！」そう思って使うだけで、乙女の心は〝わたしが大切な人だからこんなに使っていいんだわ♥〟って理解して、とびきりいいきもちになれるもの。そう、肝心なのは、毎日の中のちょっとした瞬間。そこでいかに、自分の心に「いいきもち～♪」「幸せ～♫」「最高～♥」と満足の吐息をつかせることができるのか。そこにこそ力を入れて暮らしてみよう！さらに、自分のことを〝いつもより気にかけて〟みるのも忘れずに。愛情の反対は無関心だと誰かが言っていたけれど、それなら愛情とは、関心を示すこと。関心を示すとは、絶えず気にかけていること！「どうしたの？」「だいじょうぶ？」「何かあったの？」って。こんなふうに大好きな人からたくさん気にかけてもらえたら「ああ、愛されてるなあ～」って実感するでしょ？自分の心だって、気にかけてもらうことで愛されていることを実感するのだ。しかも乙女の心というものは、まるで赤ちゃんのように、その表情をころころとかえるもの。だから長い時間放っておかずに、「お腹すいたの？」「何か必要なものある？」「どうしたら機嫌直してくれる？」ってイチイチ気にしてあげること。そして、可能な限り面倒くさがらず、そのお願いに応えて、自分で自分をご機嫌にしてあげること！それなのにわたしたち、いつだって人のことを優先し、人の気持ちばかりを大切にしてしまいがち。だからこそ意識して、自分の心に目を向け、自分のきもちを優先し、自分のことをもっと大切にするようにしなくては。ただ少し落ち込んだときに「どうしたの？」「だいじょうぶ？」そう自分に問いかける……ただそれだけだって、乙女の心は愛に満たされ、ようし！またがんばろうって思えるのだから。

自分に愛を込めるということは、ありふれた毎日の中のひとつひとつの行為を通じて、自分自身に『あなたは大切な存在だよ♥』というメッセージを贈ること。それは**自分のことをじっくり見つめ、自分に手をかけること、自分に時間をかけること**でも届けることができるもの。ほら、大切な人のことはじっくり見つめ、その人のために手をかけ、時間をかけて何かをしてあげるでしょ？ つまり自分自身もじっくりと見つめられ、手をかけられ、時間をかけられると、大切にされていると感じるのだ。だから賢い乙女は、朝の時間を逃さない！ だってそこには自分のことをじっくり見つめ、存分に手をかけられる「おめかしの時間♥」があるんだもの。それゆえ賢い乙女は、朝は早起き。自分のことをじっくり見つめ、たっぷり手をかけ、時間をかけて、朝の〝おめかし〟を調え、1日をはじめるのだ。さあ、しっかり鏡の中の自分と向き合って。目指すのはもちろん〝今までで いちばん可愛いわたし♥〟「今日は何色の洋服がいいかな？」「アイシャドーはラメ入りにしてみる？」「髪の毛ちょっと巻いてみたら？」なんて心と会話しながら、自分がその日の自分に対して、「よし！今日も可愛さ満点♥」って心が納得するまでがんばって。昨日と同じでいいや……なんて妥協は厳禁。だって乙女の心は、1年365日あれば、365色以上に変化するもの。昨日しっくりきたものが、今日はなんだかしっくりこないなんて日常茶飯事だからこそ、今日の自分をじっくり見つめ、手をかけ、時間をかけて、一生懸命〝おめかし〟するのだ。そうすることで、〝可愛らしさ〟はぐんぐん高まり、それに比例して、自分に対する満足度もぐんぐん高まっていく。そのうち、イイコトがどんどん起こりだす！なぜなら**自分に対する満足度に比例して、その日の乙女の幸運度は決まる**から。80％自分に満足できれば、満足度80％の幸運がやって来て、10％しか満足できなかったら、その日に訪れる幸運の満足度だって10％以上にはならない。だから今日1日の幸運を余すところなくいただくために、とにかく朝を使って自分に対する満足度を上げておかなくては！そのために必要なのは、とにかく、ゆとり。だから早起きが肝心なんです！目覚まし5個枕元に並べてだって、そうする価値はアリなんです!!それほどまでに乙女は念入りに〝おめかし〟しなくちゃならんのです!!!だって『**朝の〝おめかし〟を制す乙女は、その日の幸運を100％制す！**』のだから。それなら自分に〝可愛らしさ〟の太鼓判を押せるまでがんばる価値はある。それで今日が今までで1番幸せな日になるかもしれないのだから♥

私達の人生は、私達が費やした努力だけの価値がある。
フランソワ・モーリアック

こんなふうにして自分に対する満足度を高めておけば、自分の周りに〝魔法のバリア〟を張ることができるのもイイトコロ。この魔法のバリアは、「キマッテル！」「いい感じ♥」という自分に対して抱くプラスの感情がつくりあげるもの。このバリアが自分の周りに張り巡らされると、マイナスは近寄って来ることができず、タイミングの悪いことやトラブルがあまり起こらなくなる。反対に、「今日のわたし、イマイチだなあ……」ってプラスの感情がいつもより少なめだと、周りの魔法のバリアは薄くなる。これは地球の周りのオゾン層が薄くなり、紫外線を通しやすくなってしまっているようなもの。この空気中に、マイナスとプラスは半分ずつの割合で存在するものだから、自分に対するプラスの感情を強めて魔法のバリアを強めておかないと、マイナスが侵入してくるのを防ぐことができないのだ。つまり、自分にかなり満足できている状態で出かけたときと、普通に満足できている状態で出かけたときと、少々満足できている状態で出かけたときと、ちっとも自分に満足できていない状態で出かけたときでは、その日のプラスとマイナスの吸収率が断然違ってしまうのだってこと！これは意識する、しないにかかわらず自動的に行われてしまうこと。だから魔法のバリアが薄い状態だと乙女の心はいつ侵入してくるかわからないマイナスに怯え、不安で落ち着かない。だけど魔法のバリアがしっかりしていれば乙女の心は何にも脅かされることはなく、穏やかに安定した状態がつづいていく。そう、**朝の入念な"おめかし"の意義は、その日1日の乙女の幸せを守るため**でもあったのだ！だから、朝の時間に魔法のバリアをばっちり張って。さらに、それをできるだけ強力に保てるように努力して。たとえば何度も鏡を見て、チークを入れ、リップグロスをぬり直し、そうして自分に対する高い満足度が1日中保たれるよう

"可愛らしさ"をキープして！　彼から急に「会えない？」ってメールが来ても、「ちょっと顔ださない？」って合コンに誘われても、「いつでもOK！」って余裕で応えられるくらい、"可愛らしい"自分にいつだって満足していること。**わたし、今日も100％可愛い❤**ってね！

こんなふうにして"可愛らしく"なろうと自分に手をかけ、時間をかけ、日々の暮らしの節々に愛情を込める努力を惜しまないことで、わたしたちはいつの日も自然の力に愛されて、その絆は揺るぎないものになる。そうすると、不思議なことが起こりはじめる！たとえば、3日前から「会いたいな、連絡してみようかな……」なんて思っていた人と街角でバッタリ会ったり、「旅行にでも行きたいな、でもお金ないし……」なんて思っていたら抽選で温泉旅行が当たったり、「何か食べたいな、でも買いに行くのは面倒だな……」と思っていたら差し入れが届いたり……‼こんなふうに自分を超えたおおきな何かに守られているとしか思えないようなタイミングのいい出来事が起こりはじめたら、それは自然の力からの贈りもの！これは自然の力と乙女が信頼という絆で揺るぎなく結ばれたときに起こる魔法の現象なのだ。こうしてはじめて、わたしたちは目に見えないけれど自分を超えたおおきなものが確かに存在し、それに守られ、愛され、そうして日々生かされていることを実感することができるもの。そうすると、乙女の心は自ずと隅から隅まで幸福感で満たされていく。それは幼い頃、お母さんにスーパーでお菓子を買ってもらえたら飛び上がるほどうれしくて、心が幸せでいっぱいになったように。それは大すきなお菓子が食べられるから、ただそれだけではなく、自分はお母さんに愛されているんだ、大切にされているんだ！っていうことを、感じたから。そう、誰かに愛されている、その実感が何よりも乙女の心を満たすのだ。その相手が人ではなく、自然の力なら、なおさらに。だって自然の力は、この世界をつつみこむほど偉大なもの。人には到底及ばぬチカラを持って、すべてを動かしていく万能の存在。こんなふうに何よりも強く、大きく、たくましい自然の力に愛されること、その愛を日々訪れる"幸運"という自然の力からの贈りものによって実感すること以上に、乙女の心を安心感でつつみこみ、深くから満たしていく"魔法"はないのだ。そう、乙女の心を満たすのは、目に見えるものではない。**それは自然の力に愛されて自分がここに存在しているという実感と、大きな愛でいつの日も自分をここに生かしてくれている自然の力に対してあふれだす感謝のきもちなのである。**これらは自分というちっぽけな存在がいつも自分を超えた何かに守られていること、支えられていること、たとえこの手を誰かが握っていないときも、独りぼっちの夜も、いつだって自然の力はこの心の傍にいてくれるということを、その大きなあたたかい手ですべてをやさしくつつみこんでくれているということを**信じるチカラ**から、日々の中で訪れる偶然を装った出来事の中に自分を超えた自然の力が込めた想いを**感じとろうとするチカラ**から、空に見守られ、太陽に照らされ、そうして大地としっかりつながって生きる、1輪の花としての命の自覚がもたらす、**すべてを尊ぶチカラ**から生まれるもの。そう、乙女の心を満たすのは、**自分の心が持つチカラ！**それをできるだけ良いほうにはたらかせ、この世界の中に、隣りの人の中に、そして自分の中に、すこしでも”いいもの“”素敵なもの“”美しいもの“”愛しいもの“”やさしいもの“そんなきらきらしたものを見出そうとする心がけこそが、愛にあふれた眼差しですべてのいいところを見つめようとする生きかたこそが乙女の心まるで”魔法“のように潤していくのだ。

女性の全生涯は愛情の歴史である。
アーヴィング

つまり**自分独自の幸せの視点を持って世界を見つめ、自分の心が満ちていくように感じ、考え、行動する！**ここにこそ、乙女の心を満たすカギは眠っていたのである。だからいつも忘れないで。日々の中で出逢うひとりひとりの、ひとつひとつのプラスの側面を見つめつづけることでこそ、そんな毎日をくりかえすことでこそ、この心は1％、また1％と満たされていくのだということ。目に映るもの、耳に聴こえるもの、肌に触れるもの、心に響くもの…ここに届けられるすべてを、自然の力が贈ってくれたありがたいものとして感謝のきもちで受けいれれば心は満ちるし、その出来事が自分を貶《おとし》めようとするイヤなヤツによって送りつけられてきたマイナスの塊だと思えば、心はたちまち干からびてしまうのだということ。そう、大切なのは**物事の表面にどんな色がつけられていたって、その奥深くに潜む「本質」**

は必ず愛に宿るのだと信じること。目には映らない部分に秘められた愛を感じようとすること。それはつまり、この世界は愛にあふれていて、ここには自分にとっていいものしか存在しないのだと、ここは最高の場所なのだと信じぬくこと！　そうすればこの世界は本当に愛にあふれているということを、自分は愛されてここにいるんだということを証明するような素敵な出来事が必ず起こるから。だけどそれは、信じてこそ現実になるもの！　だから誰もがそれを認める前に「わたしが今いるこの場所は最高よ♡」と胸をはって。すべては自分の味方なのだと、ここにあるものはいいものばかりよと堂々とほほえんで。この場所に生まれた自分のこと、この場所を与えられた自分のこと、世界中のだれよりも幸運なんだと誇りに思って。**そうやって自分にまつわるすべてを『最高のもの』として受けいれるチカラが、すなわち、この場所を自分に与えた自然の力を讃えるチカラこそが、あふれるほどの幸福で乙女の心を満たすのだ！**　そう、乙女の心を満たすのは、イイコト、なんかじゃない。喜びでも、幸せでもない。それは、外側から与えられるものではなく、内側から奮い立たせる**愛するチカラ**なのである！

だからわたしたちはすべてを尊び、すべてを敬い、自分を超えたところに何かおおきなものの存在を感じ、それを讃え、それに寄りそい、それに導かれて歩んでいく。すべてを〝授かりもの〟として受けいれ、決して否定せず、ここにあるものすべてを肯定的に見つづける。たとえこの目に映るものが、納得いく素敵なものではなかったとしても、目には見えぬ幸せの種たちがこの大地の下にはきっとたくさん埋まっているのだと、そう信じてほほえみつづける。そうして形あるものを超えたところに存在する豊かさに、美しさに、やさしさに心をひらいて、素晴らしい愛にあふれたこの世界を心の瞳で見据えて揺らがずに、いつの日も幸せでいつづける！自然の力が示してくれる愛情はバラの花束なんかではないけれど、きっと星屑のように毎日の中に散りばめられているものだから。それはときに目に映るものとして、ときに目には映らぬものとして。だから目をとじて信じよう、何かここにあるいいものを。だから心をひらいて感じよう、何かここからはじまるいいことを！

そして自然の力にそっと祈ろう。どうかこの世界が素晴らしいものでありますように、人はやさしく、命はあたたかく、わたしたちが幸せの中でほほえみあって暮らしていくことができますように、この祈りを大地に根づかせ、大輪の美しい花を咲かせることができますように、そのためにわたしは自分に与えられたこの場所で自分の役割をしっかり果たしていくことができますように、そうしていつの日もすべてを愛しつづけることができますように……今夜もまた自然の力に向かう100％純粋な乙女の祈りのチカラこそが、いつの日もすべてを超えたところで輝き暗闇を照らしつづけるただそれだけが、最後の0.1％までぬかりなく乙女の心を満たすことができる最高の〝魔法のチカラ〟なのである。

すべての本質は、愛に宿る。『乙女の魔法バイブル。』よりきっと、乙女がヨクバリに何かを欲しいと思うのは、ワガママに夢を叶えたいと願うのは、愛されていることを確かめたくて。夢や憧れという自分を超えたすてきなものを手に入れるために、わたしたちは自然の力とつながらなくてはならぬから。たくさんの幸運に助けられ、信じられないような奇跡に救われなくてはならぬから。そうして自分を超えたおおきなものの存在を肌で感じるたび、すべてはつかみとるものではなく、贈られるものなのだと知る。夢は叶えるものではなく、叶えてもらうものなのだということを知る。自分がすべきことは、ただその舞台に相応しい存在になること、すべてに愛されるように努力すること、ただそれだけなのだと知る。そう、夢や憧れを抱き、それを叶える道のりの上でわたしたちが受けとるのは、とてつもなくおおきな愛。この愛に触れたくて、乙女は夢をみるのだろう。乙女は恋をするのだろう。やっぱりこの世界は愛に満ちている。ただそのことを確かめたくて、乙女は生きていくのだろう。そうしていつか知るのだろう。愛されていたこと。深く深く愛されていること。

そう、わたしたち愛されてここにいる。だからわたしたちだってこの世界のことを愛することが務めだとするのなら、まずは自分のこと、信じなくては。『信じることは愛すること』誰かがそう教えてくれたように、自分を信じつづけるチカラこそ、愛に変わって自分を潤し、やがて自分を通りぬけ、自分の周囲を、やがてこの世界を豊かに潤していくもの。自分を信じるチカラが強ければ強いほど、そのチカラが見出す自分が素晴らしければ素晴らしいほど、この心からあふれだし、世界に向かう愛のチカラは強くなる。だから、それを最高レベルに引き上げて、『最高の自分』を信じていくのだ！最高の自分の瞳を通して眺めるこの世界にこそ、わたしたちは最高の…100％の愛情を注ぎこめるのだから。だから信じるのだ。だからこそ信じるのだ。こんな自分に何度愛想が尽きそうになったって。きっと生まれたときから、知っている。すべては自分のためなんかじゃない。ここにあるすべては誰かを愛するために。この世界を愛するために。愛しつづけていくために。そのためにわたしはここにいるんだって。そうして『最高の自分』をこの胸に掲げて歩むなら、痛みは痛みのままで終わらない。後悔は後悔のままでは終わらない。苦しみは苦しみのままでは終わらないし、悲しみは悲しみのままでは終わらない。そう、すべては『最高の自分』を信じつづける乙女の心の中で、その価値に相応しい幸せへと少しずつ、少しずつ、姿を変えていくもの。それは卵が鍋の中で少しずつ、少しずつ、ゆで卵になっていくように。そう！『最高の自分』を信じつづけるチカラで心の中に希望を灯しつづけるなら、すべては『最高のもの❤』に変わらずにはいられないのだ！だからどんなときも『最高の自分』をこの胸に掲げて、揺らがずに。決して揺らがなければ、絶対に譲らなければ、不幸が席を立ち、幸せにその席を譲るしかないのだから。嘆きが席を立ち、喜びにその席を譲るしかないのだから。だから100％の幸せを叶えたいわたしたちは、誰がなんと言おうとも、『最高の自分』を信じて、決して、決して、決して、譲らないこと！

はじめまして。わたしは、都内に住む30歳の会社員です。実は、今日はとびっきり素敵なご報告があります！なんと、わたしに最高の彼ができたのです。それもこの本と出逢ってから、わずか3か月後に。友人の紹介で知り合った男性から、「一生懸命、大切にします！」と告白されました。あたたかく誠実な言葉に、思わず涙があふれてしまいました。約5年前に失恋をしてから、もう恋はできないって氷のように閉ざされていたわたしの心にようやく、春がやって来ました！魔法の効果、すごすぎです‼自然といつも笑顔でいられるようになり、周りからも「可愛くなったね！」と言われるようになりました。自分には無縁だと思っていたこの言葉。彼から言われるのだってなんだかくすぐったかったこの言葉を、周りの人から言ってもらえるようになるなんて‼今では、毎朝オシャレをするのが楽しくなりました。花柄のワンピースにチャレンジしてみたり、レースのスカートを買ってみたり……今さらながら、乙女満喫中です（笑）。好ましい変化はわたしだけではなく、わたしの周りにも！たとえば念願の家族旅行が叶い、両親に感謝のきもちを伝えられたこと、祖父の健康が回復したこと、親友の結婚が決まったこと……数え上げればきりがありません。この本は人生にしあわせの魔法をかけてくれました。今では毎日が楽しくて、幸せでたまりません。悲観的だったわたしがこんなふうに思えるようになるなんて、それが一番の奇跡です。何もかもがうまくいかず、泣いて暮らしていたあの日々さえ、今では愛おしく、大切なものに感じます♥

きっと、乙女の人生とは、もういらないわというくらい愛されるための場所。もうお腹いっぱい♥というくらい幸せに満たされるための場所。そのために自然の力が用意してくれた、"既にここに憧れ、夢みるすべてが備えられたパーフェクトな舞台"なのだ！　足りないものがあるとすればそれは、すべてを受けとるにふさわしい価値がここにあるのだと、強く強く自分を信じる気持ちだけ！　最高の幸せに相応しい最高の自分がここにいるのだと、強く強く自分を信じる気持ちだけ‼信じられないなんて言わせない。だって、わたしたちをここに誕生させたのは、自然の力なのだから。そして今この瞬間だって、わたしたちは絶えず自然の力とつながってここにいるのだから。だから『わたしは最高♥』って、胸をはってほほえんで。誰に理解されなくたって構わない！　誰がそうじゃないと否定しようと気にしない‼だって、それは目に映らないものなのだから仕方ない。だけど、それは必ずわたしの心の中にあるもの！　それは絶対に嘘じゃない‼それなら自分で自分に最高の価値を与え、それに相応しい最高の幸せを願って。だってわたしたち、うっとりするような夢を叶え、とろけるくらい情熱的に愛されて、100％の幸せを手に入れる、そのためにここに生まれてきたのだから。それ以外の人生なんて、ありえないのだから。さあ、自然の力と強い絆で結ばれた乙女の命を信じて。そして夢に挑んで、愛に挑んで、幸せに挑みつづけて！　届かないなら、何度でも、届くまで。叶わないなら、何度でも、叶うまで。もしもまた痛みがくり返されたとしても、忘れないで。

自然の力との絆は、夢に挑むたびに強くなる。愛に挑むたびに強くなる。幸せに挑むたびに強くなる。そして諦めないチカラが自然の力を乙女の虜にし、ある日、とびきり素敵な魔法のチャンスは贈られるのだ。すべてに勇敢に挑みつづける乙女のすてきな背中にこそ!

自然の力と結ばれた強い絆が、どんな乙女の夢も叶える。『乙女の魔法バイブル。』より

人生に行き詰まり、途方に暮れていたときに親友がプレゼントしてくれたのがこの本でした。「ほんとうかなあ?」と思いつつも、親友のやさしさがうれしくて魔法を試してみることに。すると、その週末にひらかれたセレブな友人宅のホームパーティーで、なんと5人(!)から連絡先を聞かれ、そのうちの3人に食事に誘われ、その中の1人とお付き合いをすることになりました!! その決め手は、食事を終えて帰宅途中に突然雨が降ってきて、彼が持っていた傘は折り畳みの小さなものだったのですが、自分がずぶぬれになるのも顧みず、わたしに傘をさしかけてくれたこと。その日に限ってタクシーがつかまらず、そのまま家まで30分の道のりを歩きつづけてくれた彼の誠実さに、心打たれてしまいました。もちろん、わたしの夢は「すてきな彼氏をつくること♡」ではありませんでしたが、そろそろ彼氏が欲しいなあと思っていたので、とてもうれしかったです! それから、4か月後。たまたま呼ばれた知人

の会社の新製品お披露目パーティーで、ずっと叶えたかった夢の実現をサポートしてくれる人に出逢うことができました！彼女を一目見たとき、名刺を交換する前なのに「この人何かある！」って感じてしまうような、運命的な出逢いでした。さらにその方がいろいろな方を紹介してくださり、2年間願い続けたわたしの夢は僅か1か月という短期間で叶えられてしまったのです‼急なことだったので、スムーズに運ぶか懸念された転職も後任の女の子が突然現れ、わたしは今、ずっと夢みていたまさにその場所で、働くことができています♥

今、わたしたちの心の中にある夢は、なにも2日前に生まれたものだけじゃない。ああ……それは3年前に生まれたけど叶わなくて諦めた夢だわ、そっちは4年前だけど、ライバルが多すぎて辞退したのね…そうそう、あれはめちゃくちゃがんばったのに、ダメだった7年前の夢だっけ……なーんて実にさまざまな年齢の、〝未だ叶わず〟の夢たちが転がっているもの。ねえ、この夢たちは、いつになったら叶うのよ⁉それとも、もうずっと叶わないの？いいえ、そんなことはないのです！なぜなら、魔法のチャンスが訪れる回数は1度きりじゃないから。わたしたちがその夢を叶えたいと強く思っている限り、それが叶うまで、何度だって魔法のチャンスはやって来る。しばらく時間が必要なこともあるけれど、必ず一番いいときに、一番いいかたちで、自然の力は再び〝魔法のチャンス〟をわたしたちに贈ってくれるのだ！

わたしにはずっと叶えたい夢がありました。でもそれはみんなの憧れの業界の仕事で、千人に一人なれるかなれないかの倍率で、「わたしには絶対無理……」なんて思いながらもどうしても諦めることができず、いろいろな方法でアタックし、なんとか夢に近づこうと数年間がんばりつづけました。だけど大抵は門前払い、話を聞いてもらえても怪訝《けげん》そうな顔で追い返され、その関係者の方と知り合えるような大チャンスがやって来たって緊張で足が震えて自分のものにすることができず……そんなことを何度もくり返し、悔しくて、悲しくて、不甲斐ない自分に涙があふれて止まりませんでした。そんなときにこの魔法に出逢ったのです。そこに書かれていた〝すべては向こうからやって来る〟的な考え方を簡単に受けいれることはできませんでしたが、とにかく物は試しと自分から夢を追いかけるのはやめ、日々の暮らしの中でちいさな幸せを感じられるような生活に切り替えました。すると、今までには感じたことのなかった素敵な偶然がたくさん訪れるようになり、その効果はすぐに体感できたのですが、肝心な夢の方はちっとも……だけど諦めずにつづけること、半年。(実は、その間に彼氏ができ、なんだか心が満たされて、その夢のことを以前のように必死になって思い詰めることはなくなっていました)たまたま顔を出した飲み会で、昔の友人に会いました。「あの夢叶った?」と聞かれ、まさか諦めかけてるなんて言えず…すると彼女は鞄の中から1枚のパンフレットをとりだし、ここに行ってみたら?と。その瞬間に何か心ときめくものを感じ、後日、足を運んでみると、なんとそこでわたしがずっと会いたかった人に出逢えたのです!!その人はわたしが目指す業界では超有名人。その人に想いの丈をぶつけること3時間（笑）。忙しいのに熱心に耳を傾けてくれ、ついにその業界で働けることになったのです！そのときの感動は、言葉にできません!!!ただただ、うれし涙が止まりませんでした。わたしの夢を叶えてくれてありがとう！世界でいちばん素敵な魔法をありがとう♥

そう、焼き立てのホットケーキの上にメープルシロップがかかってないなんて、チョットありえないように、プリンの下にカラメルソースがないなんて、ケッコウありえないように、シュークリームの中にカスタードが入ってないなんて、チョーありえないように、乙女の心の中にある夢も叶わないなんて、ゼッタイありえない！だってわたしたち、いつも自然の力に100％愛されているのだから。100％の愛とともにここに生まれ、100％の愛で育ち、100％の愛によって今日も生かされている…それが乙女の命なのだから。それが乙女の心なのだから♥

乙女が夢みることで、叶えられないことはひとつもない。『乙女の魔法バイブル。』よりわたしはなんのために生まれたの？

夕暮れの空に放った何万回目の問いかけは　またしても
午後6時の穏やかな静寂に　なにごともなくのみこまれ

だけど　その日の空の姿は　恐ろしいほど美しく
いつもの歯がゆさは　なぜだろう　顔をださずに

わたしは見惚れた

気が遠くなるほどくりかえしてきた
果てしないこの大空とのにらめっこ

絶対に譲るまい　そうふんばっていたけれど
その日はじめて　歯がたたない自分を感じた

ああ　わたしは結局

1本の木や花や草と同じ
この広い大地の上でなにかおおきなものに
つなぎとめられ生かされているにすぎない

ちっぽけな命の鼓動は見知らぬだれかに支配され
割り当てられた小節の中で　決められたリズムをひたすら奏で
止まれと言われるその日まで　踊りつづけることしかできない

ただ　それをくりかえすことしかできない
ただ　ここでくりかえすことしかできない

そう　どんなに抗ったって　超えられないものがある
超えてはいけない　強く美しく偉大なものが　この世にはある

わたしはきっとその中から生まれたんだ

――すべての嬰児は、〝神がまだ人間に絶望していない〟
というメッセージをたずさえて生まれてくる。タゴール――

それなら　頭をひねって考える
いろいろ悩んで　ごちゃごちゃ言う

その前に！

ただ生きていく
ただへこたれずに生きていく

それこそ　この命の果たすべきこと‼

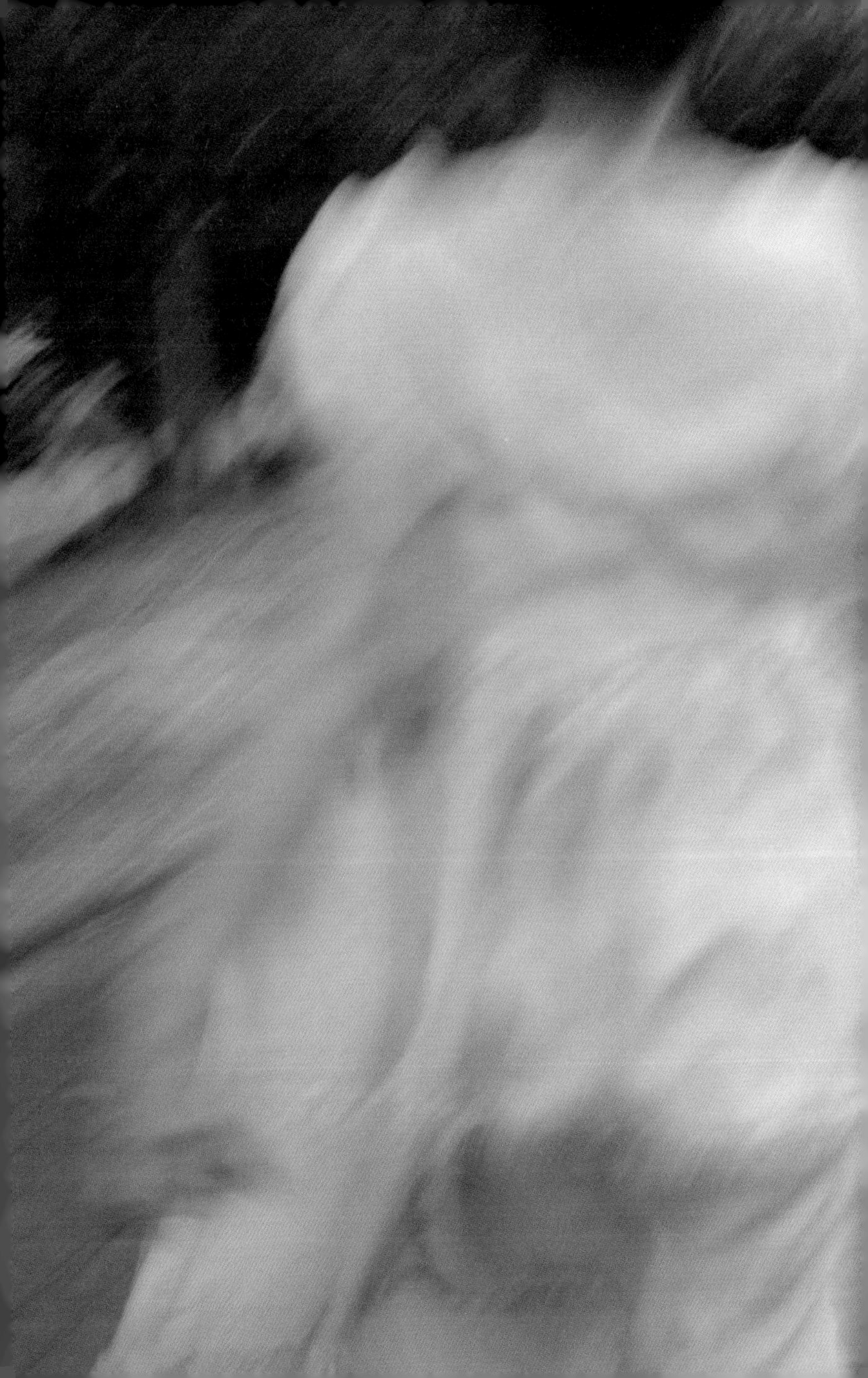

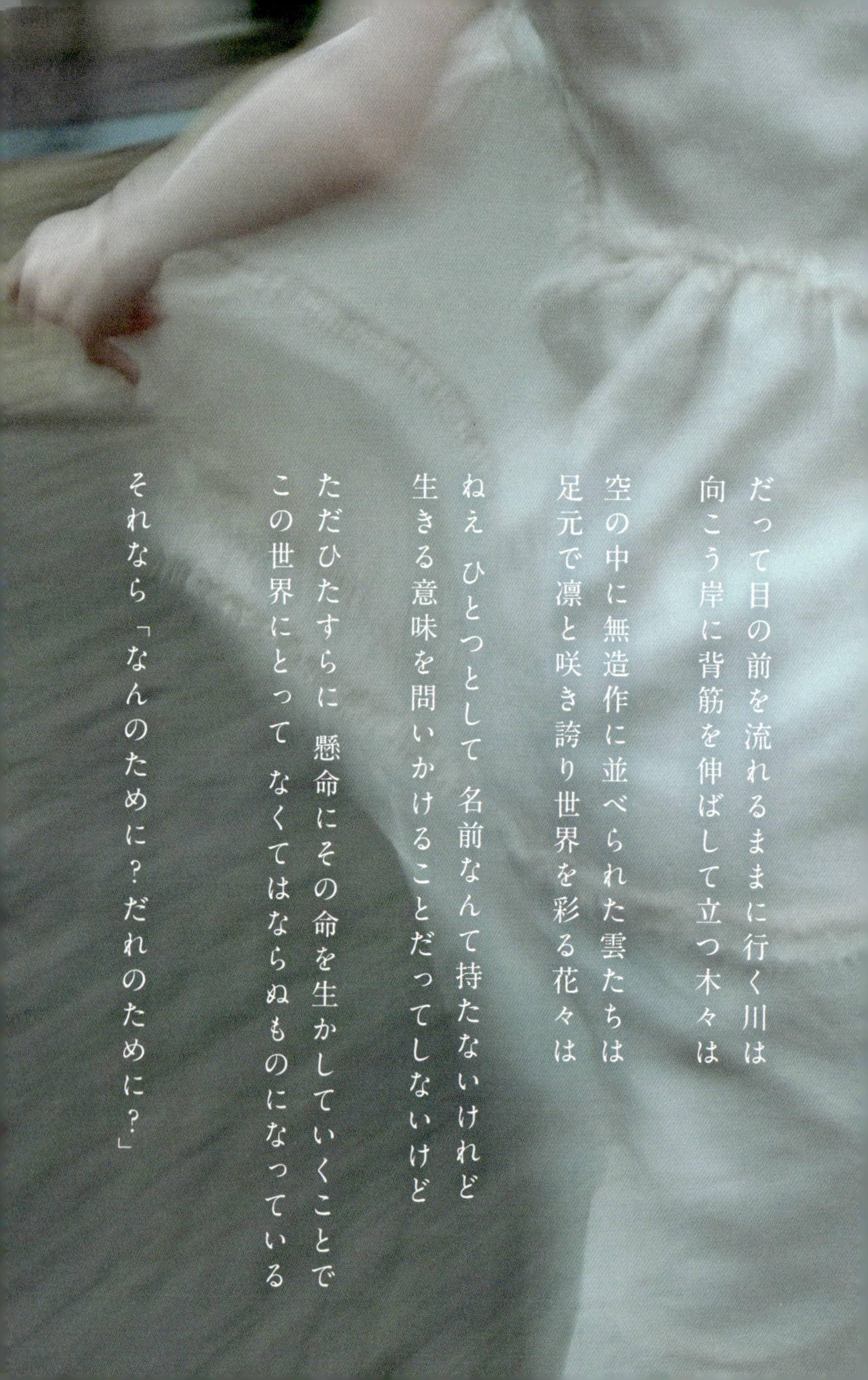

だって目の前を流れるままに行く川は
向こう岸に背筋を伸ばして立つ木々は

空の中に無造作に並べられた雲たちは
足元で凛と咲き誇り世界を彩る花々は

ねえ　ひとつとして　名前なんて持たないけれど
生きる意味を問いかけることだってしないけど

ただひたすらに　懸命にその命を生かしていくことで
この世界にとって　なくてはならぬものになっている

それなら「なんのために？　だれのために？」

隙を狙って心をゆさぶるこの問いかけを
真正面から受けとめることができるのは

ありきたりな一般論や常識を
足したり引いたりくりかえす
頭の中のケチな計算じゃなく

太っぱらに前へ前へとこの足を
ひたすらふみだしつづけた結果

言葉がはるか後方に追いやられ
心の中に泉のごとくわきあがる

不確かな　でも　とても確かで揺るぎない
すべてを超えた感覚でしかないのだろう

だから足を動かせ！

そして　前へ進め！

ねえ　何度も何度も　迷うけど
ねえ　何度も何度も　立ちどまるけど

それでも　前へ進め！

不安は日ごとにその影を暗くふくらませ
後悔は時を追うほどにこの胸をしめつける

だからこそ　前へ進め！

なんのため
だれのため

心の奥にこだまするその問いを
強引に鼓膜の外へとおしやって

それでもさ
それでもさ

それでも生きていくのさと

答えにならない答えを
今は心にあてがって

口をふさいで
かけぬけろ!

この心にたしかな答えが響きわたるその日まで

その音色に聴き惚れてしまう その日まで

きっと この世に生まれてきた
いつかのあの日と同じように
どこかに帰る"その日"だって
知らぬところで決められていて

ああ 乙女の人生は

寝る前の1杯のココアみたいに
どんなにちょっとずつ飲んだって
いつか ぜんぶなくなってしまうもの

まだまだあるって安心してる そのうちに
その美味しさにとろけちゃってる そのうちに

それなら過ぎていく時間と引きかえに
ここに届けられなくちゃならないものは
１００００回目の深刻なご相談なんかじゃないはずで
どちらかというと　１００００本の可愛いバラの花束と
”I love you“ で封されたラブレターがいいのであって

ねえ　今日というたった１回限りしかつかえない
プラチナチケットでわたしはなにを手に入れるの？

わたしは　なにを　手に入れたいの？

幸せ以外のものに　それを譲り渡してしまっていいの？
幸せ以外のもので　それと引きかえにできるものが
この広い世界の中の一体どこにあるというの？

ほとんどの人は、自分の音楽を奏でることなく生き、
そして、死んでいくのです。勇気を出して、
奏でようとすることなく。メアリー・アッシュ

自分自身を信じてみるだけでいい。
きっと、生きる道が見えてくる。　ゲーテ

乙女の命は日々のささやかな幸福の中でこそ、美しく花ひらく。

——『乙女の魔法バイブル。』——

さあ　幸せの王道を歩んでいかなくちゃ！

それならやっぱり
生まれた意味探しではなく
ちっぽけすぎる幸せさがしを！
生きてく理由探しではなく
とるにたらない喜びさがしを！

さあ 今すぐにはじめよう
さあ ここからはじめよう

だって ずっとさがしているものは

この1秒の幸せをつなぎつづけた
その先にこそ隠れてる
この1日の喜びをつなぎつづけた
その先にこそ潜んでる
だから目の前にあるいいものを
ふみしめて歩いていかなくちゃ

ねえ　いつまでたっても
この心をうなづかせる答えには
辿りつくことなんてできないよ

そう欲しいのはいつだって
この程度じゃなくってとびきりのもの♥
ありふれたものじゃなくってとっておきのもの♥
フツウじゃなくってスペシャルなもの♥
コレデイイヤじゃなくってパーフェクトなもの♥

それはきっと…♥

最高の最高の最高のもの♥

さあ　今すぐ幸せさがしに出かけなきゃ！

思いだして 今までずっと

愛されてきたこと
愛されていること

そうしてここまで歩いてきたこと

もうこれ以上は無理だって
地面に膝を打ちつけて
涙が頬を伝うたび

あなたがその手をさしのべて
わたしのことを立ちあがらせた

膝小僧の傷がズキズキ痛んで動けない
そんな日だって　あなたの笑顔が
魔法のように　それを癒した

そんなことを数えきれぬほどくりかえし
今 わたしはこの場所にこうして立っている
そんなわたしは ねえ 幸せじゃないか
だって ここまで生きてきた
その単純な事実に秘められているのは
愛されてきたという何よりたしかな証明で
それならたとえ 誇れるものがなにもなくても
ただ 生きている
ただ それだけで

ただ　ここにいる
ただ　それだけで

わたしは胸をはって自分のことを世界一の幸せものだとそう呼べる！

きっと　息をした回数は愛された数に等しく

きっと　まばたきの回数は許された数に等しい

きっと　あなたの愛がわたしのことを守ってくれて
きっと　あなたの愛がわたしのことを育ててくれて

あなたに出逢ったあの日から
傍にいても離れていても　その愛が
絶え間なくわたしのことを照らすから
この瞳に映る世界はきらきらとかがやいて
色褪せずに　ずっとずっと　かがやきつづけて

そして　今日もわたしはあなたに生かされて

だからかな

いくつ年をかさねてみたって
わたしはなんにも変わらない

だってあなたの100%の愛情は
いつの日も濁ることはないから
いつの日も淀むことはないから

だから　わたしはつよくなる
だから　わたしはやさしくなれる

きっと　大地の上でたくましく咲く1輪の花になる！

それでもきっと 風が吹けば倒れてしまう
それでもきっと 雨が降れば萎れてしまう

どうせこんなにちっぽけなんだから

ぜんぶはたいしたことないのに
そんなこと ずっとわかっているのに
この心は またいろいろ悩んで考えて
すべてを複雑にとり扱って ああ今日も

苦しくて苦しくて ため息があふれだし
悲しくて悲しくて ついでに涙もあふれだし

だからもうほんとにイヤになっちゃうじゃないか！

だけど　どんなにどんなに苦しくても
だけど　どんなにどんなに悲しくても

たぶん　わたしはここが　だいだいだいすきで
たぶん　わたしはここに　まだまだだいたくって

だってどれだけいろんなことを思ってみたって

やっぱりこの世界は　ちいさな幸せでいっぱいで
やっぱりこの世界は　おおきなありがとうでいっぱいで

だからもうほんとにほんとにいやになっちゃうじゃないか…

それなら ねえ 今度こそ

こんなちっぽけな自分のこと
それでもいいよと受けいれて

世界がほっぺをもいちど赤く染めたなら

そのときは この空のこと
にらめつけずに抱かれようか

心まるごと 体まるごと
その手にあずけてしまおうか

そうしてひとつになれるかな？
ふたりでひとつになれるかな？

きっとなれると思うんだ★

愛は遠くにあろうとも、しかしいつも、そこにある。
星の光のように、とこしえに遠く、また近くに。アルント

ほら　ちゃんとなれたんだ♥

to be continued…『100％愛される♥乙女の魔法のつかいかた。』につづく

all art direction 上原愛加

photographer 外山繁

cover design 原田恵都子

text & photo design 内山絵美（釣巻デザイン室）

諸橋藍（釣巻デザイン室）

印刷 山崎和史

製作 飯村健一郎

編集長 遠藤励起

Special thanks

野口芳一さん、中村美砂子さん、内薗志津佳さん、中野裕子さん、土屋俊介さん、大沢広彰さん、倉上実さん、林景子さん、福原裕一さん、小川章さん、酒井博子先生、桑原菜々子さん、榎本美和子さん、大野嘉郎さん、吉田尚隆さん、青木奈津美さん、みよ姉さま、里菜ちゃん、いつも支えてくれるみんな、両親、祖父母、そしてこの本を手にとってくださったあなたに世界でいちばんのありがとうを込めて♡

撮影協力 ハウステンボス株式会社

Uehara Aika's Book

世界一♥愛されて幸福になる魔法のプリンセスレッスンシリーズ

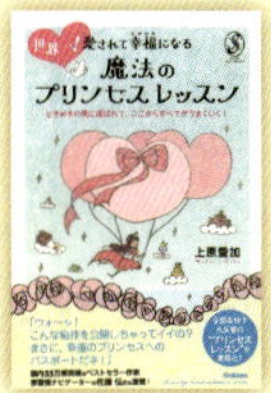

世界一！愛されて幸福になる
魔法のプリンセス レッスン

大好きな人に世界一！愛される
魔法のプリンセス レッスン

そのままのあなたが、
とっても♥すき

だれよりも♥あなたが、
すてき

世界で♥いちばん、
きみがすき

いつも♥どこでも、
きみに夢中

これで、あなたの運命がキマル！
史上最強の
乙女のバイブル。

世界があなたに恋をする！
史上最強の
乙女のヒミツ♥

すべてがあなたのものになる！
史上最強の
乙女のシナリオ。

あなたの願いは絶対♥叶う！
史上最強の
乙女のミリョク。

100%奇跡がおこる♥
乙女の魔法のつかいかた。

今回もひきつづき、長崎のハウステンボスで撮影を行いました！
ハウステンボスは、どこを歩いても自然とお花がいっぱい♥♥♥
なのですが、特にフォレストヴィラがおすすめです!! 可愛いコテージ
が立ちならび、童話の中にでてくるような橋があり、美しい花々が咲き、
川ではカモがのんびり泳いで・・・ただそこにいるだけであたたかく
やさしいきもちになれる魔法のスポットです☆ コテージ内のロマンチック
なインテリアも見どころ♥ 1日滞在すれば、心も体もすっきり
リフレッシュ!! お散歩コースとしてもパーフェクトです♥♥♥
ハウステンボス 長崎県佐世保市ハウステンボス町1-1
tel 0570-064-110

100％幸せになる♥
乙女の魔法のつかいかた。

2011年9月27日　第1刷発行

著者 上原愛加
発行人 脇谷典利
編集人 土屋俊介
編集長 遠藤励起
発行所 株式会社学研パブリッシング　〒141-8412 東京都品川区西五反田2-11-8
発売元 株式会社学研マーケティング　〒141-8415 東京都品川区西五反田2-11-8
印刷所 中央精版印刷株式会社

［この本に関する各種のお問い合わせ先］
電話の場合、編集内容については、TEL:03-6431-1473（編集部直通）
在庫、不良品（落丁・乱丁）については、TEL:03-6431-1201（販売部直通）
学研商品に関するお問い合わせは、TEL:03-6431-1002（学研お客様センター）
文書の場合は、〒141-8418 東京都品川区西五反田2-11-8 学研お客様センター
『100％幸せになる♥乙女の魔法のつかいかた。』係

“魔法”の効果は、本書を含む『魔法のプリンセスレッスンシリーズ』（学研パブリッシング刊）すべての本に共通するものです。

また、本書の中で紹介されている体験談はすべて、同シリーズに対して寄せられた読者の方のお便りを編集し、掲載したものです。

体験談中の「この本」とは、同シリーズすべての本のことです。いただいたお便りは、個人情報がわからないように編集して本の中に掲載させていただくことがありますので、ご了承ください。なお掲載不許可の場合は、必ずその旨を添えてください。

57

「悩みの種だった上司が異動になったり、
誰にも言えなかった問題が解決したり…!!
心を苦しめていたものが自然と遠ざかって行き、
何よりも欲しかった**穏やかな日々**が手に入りました」
（20代・不動産関連）

58

「ちっとも近づけなかった憧れの人との間に
たまたま共通の知り合いができ、**急接近!!**
夢にまでみたロマンチックなディナーに誘われました♡」
（20代・広告代理店勤務）

「どうがんばっても変われなかった"THE・男勝り"な自分が
上品でフェミニンだと違う部署で噂になるほど
大変身♥ こんなふうにして自分で自分に
魔法をかけることができるなんて！」
（30代・商社勤務）

59

「冷たかった彼が、どうしてそんなに可愛くなったの？
惚れ直した！と花束をプレゼントしてくれました!!」
（20代・営業企画）

60

61

「どこか好きになれなかった自分のことをまるごと
受けいれられるようになりました。一度は諦めた
夢への1歩を踏みだすことができました！」
（20代・一般事務）

62

「自分のこと、本気で
幸せにしてあげなくちゃ！
こんな気持ちになれた自分にびっくりです!!」
（20代・メーカー勤務）

「この"魔法"で、幸せいっぱいの愛されキャラに
イメージ一新♡ そうしたら会社のアイドルとして
有名な子に引けをとらないくらい、同性からも異性からも、
恐くてたまらなかった上司からも好かれるようになりました!!」
（20代・イベント会社勤務）

63

「ふり返って後悔ばかりしていた過去の日々。
だけど、"すべてこれでよかった♥"
心の底からそう思うことができました！」
（20代・スポーツジムフロント）

64

「そのままの自分を偽ることなく素直なきもちで
彼氏と向き合えるようになりました。すると無関心だった
彼がいつも気にかけ、毎日メールをくれるようになりました♡」
（20代・塾講師）

65

「浮き沈みが激しい性格が嫌でたまらなかったのに、
目覚めたときの澄み渡った気持ちが
1日中崩れなくなりました！」
（20代・公務員）

66